갭 모티베이션

격차를 뛰어넘는 동기부여의 힘

갭 모티베이션

호시 와타루 지음 | **서희경** 옮김

GAP MOTIVATION

더퀘스트

CHECK!

'4단계 질문'으로 당신의 모티베이션 타입을 진단해 봅시다!

매일 규칙적으로 생활한다.

최근 의욕이 저하되었다.

비교적 적극적인 성격이다.

→ YES

→ NO

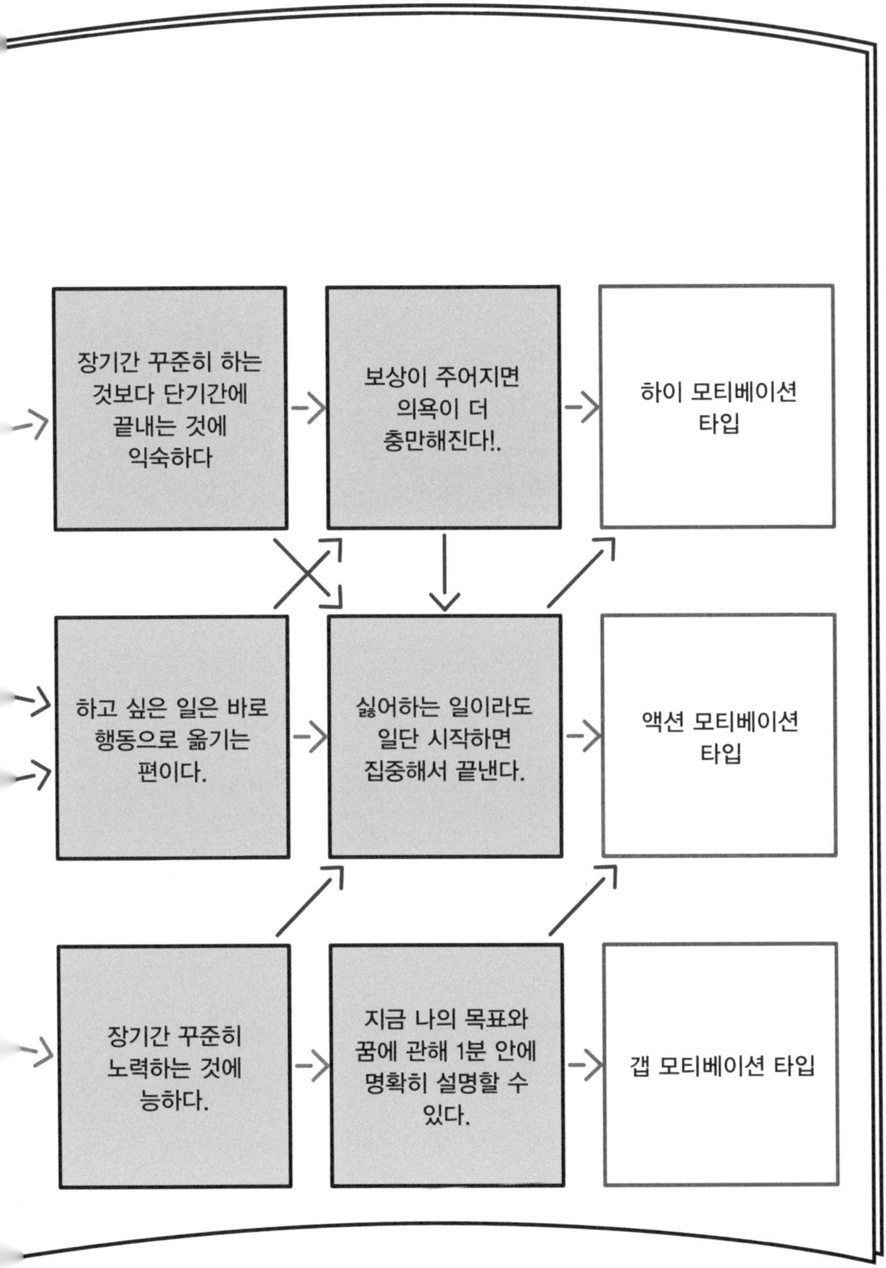
장기간 꾸준히 하는 것보다 단기간에 끝내는 것에 익숙하다
보상이 주어지면 의욕이 더 충만해진다!.
하이 모티베이션 타입
하고 싶은 일은 바로 행동으로 옮기는 편이다.
싫어하는 일이라도 일단 시작하면 집중해서 끝낸다.
액션 모티베이션 타입
장기간 꾸준히 노력하는 것에 능하다.
지금 나의 목표와 꿈에 관해 1분 안에 명확히 설명할 수 있다.
갭 모티베이션 타입

시작하며

'의욕'이 없어도 고민할 필요 없다

대놓고 비난하려는 의도는 없습니다만, "의욕적으로 하라!"고 말하는 사람에게 슬며시 묻고 싶습니다. 솔직히 말해서, 그 말을 들은 상대방의 의욕이 정말 솟을거라고 생각하나요?

이 또한, 트집을 잡으려는 것은 아닙니다만, "일단 몸을 움직이면 의욕이 따라오기 마련이다! 손부터 부지런히 움직여라!" 이렇게 말하는 사람에게도 솔직하게 묻고 싶습니다. 정말로, 당신의 조언을 들으면 "아하, 그렇구나!"라며 몸을 부지런히 움직이고 의욕을 불태울 수 있다고 믿으시나요?

제 생각은 좀 다릅니다. 노력하고 있는데, "의욕이 부족하다."라는 말을 듣거나, 의욕이 없는 것도 아닌데, "의욕을 내 봐라."라는 말을 들으면, '그나마 있었던' 의욕도 사라집니다.

제 의견에 동의하면서도, 그래도 "내가 의욕적으로 무언가를 할 수 있도록 누군가 유용한 조언을 해 주면 좋겠다(가능한 한 쉬운 방법으로)." 이렇게 생각하는 분들이 많을 것입니다. 그것이 제가 이 책을 쓰게 된 이유입니다.

오늘부터, '열심히 하는 방법'의 궤도를 수정하자

- 의욕을 내야 한다는 것은 알고 있는데, 무기력하다.
- 잠깐 의욕이 났다가도 오래 가지 못하고 식어버린다.
- 부하직원, 후배, 자녀를 어떻게 동기 부여해야 할지 모르겠다.

자, 이런 고민을 해 본 적이 있으신가요? 괜찮습니다, 안심하세요. 당신만의 문제가 아닙니다. 다른 사람들도 마찬가지로 이 문제로 고민하고 있습니다. 그러니 너무 걱정하지 마세요.

이 책에서 소개하는 대로 실천하면, 해결책이 보일 것입니다. 그러니 고민하지 않아도 됩니다. 걱정을 덜어드리는 차원에서, 이 책에서 다루게 될 3가지 결론부터 알려드릴게요.

첫째, '의욕을 내려고 하면 안 된다, 의욕을 내면 의욕이 없어진다'는 것입니다.

둘째, '몸을 움직여서 의욕이 생기는 거라면, 이미 모두가 하고 있다, 그런 조언을 믿어서는 안 된다'는 것입니다. 마지막으로 셋째가 제일 중요합니다. '만사가 잘 풀리는 사람은 의욕이 아니라 갭의 힘을 쓰고 있다'는 것입니다.

초일류는 '의욕'을 내지 않는다

'갭의 힘'이 무엇일까요? 자세한 내용은 제1장에서 다루겠지만, 궁금해하는 분들을 위해서 알기 쉽게, 예를 들어 설명해 드릴게요. 예를 들어, 지하철이 플랫폼으로 들어오고 있다고 상상해 봅시다. 당신은 개찰구를 지나 지금 막 승강장 계단을 내려가는 중이고, 저 지하철을 놓치면 십중팔구 지각입니다! 이런 초조한 상황에서 당신은 어떻게 행동하나요? "큰일 났다! 놓치면 안 돼!"라며 서두르겠죠? 네, 그럼 제가 질문 하나 해 볼게요. 이때 당신은 의욕이 나서 서두른 것일까요? 그렇지 않지요. 당신이 '의욕을 내자!'고 생각해서 행동한 것이 아니라, 서두르고 싶고, 서둘러야 하니까 '저절로' 의욕이 솟았고, '정신을 차려보니' 서두르는 '행동'을 취하고 있었던 것이죠? 그렇습니다. 저절로 의욕이 솟았습니다. 이것이, 저절로 솟아오르는 제3의 의욕, '갭 모티베이션Gap Motivation'입니다. 우리끼리니까 하는 말이지만, 갭 모티베이션을 활용할 줄 아는 사람들은 "자기 자신을 동기부여 하자!", "일단 몸을 움직여서 의욕을 끌어올려 보자!"라고 말하지 않습니다. 그럼 어떻게 행동할까요? 끝까지 읽어가시면 저절로 아시게 될겁니다.

오늘부터 '필사적으로 살기'를 그만두자

'하고 싶은 일'을 실현하는 사람. 일단, 그런 사람을 초일류라고 정의해 봅시다. '초일류인은 의욕이 넘치기 때문에 행동으로 옮길 수 있고, 누구보다 빨리 이상을 실현할 수 있다'고 생각하나요? 그런데, 사실 조금 다릅니다.

저는 지금까지 운동선수, 경영인, 기업가, 의사, 은행원, 아나운서, 사무직원, 영업사원, 객실 승무원, 전업주부, 대학생, 고등학생 등 12,000명 이상의 사람들을 만났고 그분들이 목표를 달성할 수 있도록 컨설팅해 왔습니다. 그중에는 다니던 직장을 관두고 창업하자마자 연매출 50억을 기록한 사업가도 있고, 50

만 부 이상을 기록한 베스트셀러 출판 작가도 있습니다. 이렇게 자기 이상을 실현한 초일류인도 실제로는 그렇게 의욕이 넘치는 사람들은 아닙니다.

의욕이 있고 없고의 차원이 아니라, '지하철 왔다! 서두르자!' 이런 감각으로, '하고 싶으니까, 한다!'는 마음이었는데 정신을 차리고 보니, 저절로 의욕이 생겼고 자발적으로 행동하게 된 것입니다.

어떤 느낌인지 와 닿으시나요? 결과적으로, 의욕은 있지만 '필사적으로 의욕을 내지는 않는다', '저절로 의욕이 생겨서 실행하게 되었다'와 같은 느낌입니다. 물론, "저절로 할 마음이 생겨서 행동할 수 있으면 고민할 필요도 없지!" 이렇게 말하고 싶으시겠죠. 충분히 이해합니다. 그러나 이것이 원하는 대로 사는 사람들의 감각이고, 사실입니다. 그리고 당신도 과학적으로 그렇게 될 수 있습니다.

당신은 앞으로 나아가고 있다고 확신하는가?

자신이 원하는 인생을 사는 사람들에게 한 가지 공통점이 있습니다. 그들은 모두 '갭 모티베이션 타입'입니다. 서두에 나온

'모티베이션 타입 진단'을 해 보셨나요? 진단 결과, 어떤 타입이 나왔나요? 만약, '하이 모티베이션 타입'이나 '액션 모티베이션 타입'이 나왔다면 당신은 행운아입니다! 당신은 앞으로 몇 년에서 수십 년까지 '필사적으로 노력하는 것이 중요하다!', '스스로 동기 부여해야 한다!'라며 이를 악물고 살 뻔했습니다.

갭 모티베이션을 몸에 익히면, 초일류인과 마찬가지로 정신을 차리고 보니, '의욕 넘치는' 상태가 되어 '애 쓰지 않아도' = '필사적이지 않아도' 행동할 수 있게 됩니다. 필사적으로 할 필요가 없기 때문에 일상이 놀랄 만큼 편해집니다. 만약, 당신의 진단 결과가 '갭 모티베이션 타입'이라면, 왜, 갭 모티베이션 타입이 훌륭한지 깨닫게 될 것입니다. 갭 모티베이션의 메커니즘을 이해함으로써, 당신뿐만 아니라, 주변 사람들까지도 '저절로' 의욕이 생기는 기술을 손에 넣게 되는 것입니다. 의욕적인 사람은 '특별한 일'을 거의 하지 않습니다. 누구나 익힐 수 있는, 가능한 한 아주 작은 차이, '갭 모티베이션'을 손에 쥐고 있을 뿐입니다.

누구나 습득할 수 있는 '아주 근소한 차이'를 과학적 원리에 기반하여 설명해 드리겠습니다. 자, 지금부터 당신의 삶의 방식이 바뀌는 시간이 시작됩니다.

GAP MOTIVATION 차례

5장 바로 할 수 있다! '의욕의 벽' 돌파 훈련

'의욕의 벽'을 돌파하는 '벽 훈련'

1장

인생은 '의욕'이 90%

GAP MOTIVATION

작은 차이로 인생이 크게 바뀐다

제1장에서는 즉시 '의욕을 낼 수 있는 사람'의 '작은 차이'를 바로 실행할 수 있는 방법을 알려드릴 것입니다. 비밀입니다만, 짐작하건대 이 장에서 다룰 내용만으로도 놀라운 변화를 체감하게 될 것입니다. 왜냐하면, '작은 차이'가 말 그대로, 사소한 차이일 뿐만 아니라, 이 책을 읽고 있는 지금, 이 순간부터 바로 실행할 수 있기 때문입니다. 그런데도 많은 사람이 이 '작은 차이'를 깨닫지 못하고 있습니다. 잘 몰라도, '작은 차이'기 때문에 쉽게 실행할 수 있습니다. '나의 변덕스러운 의욕을 도무지 통제할 수 없었던 이유가 설마 이렇게 사소한 차이였을까?'라며 황당해 할 수도 있습니다. 그럼, 당신의 변화가 시작되는 제1장, 바로 시작합시다.

01

의욕 있는 사람은 이렇게 이득을 보고 있다

소름이 돋을 정도로 인생이 달라지는 이유

몸에 이상이 없는데도 '의욕이 안 난다'고 느낀 적이 있나요? 의욕을 자유자재로 조절할 수 있다면, 인생이 얼마나 달라질까요? 완전히 달라집니다! 정말 경이로울 정도로 말이죠. 왜냐하면 자유자재로 의욕을 조종할 수 있기 때문입니다. 의욕이 필요할 때 원하는 만큼 의욕을 낼 수 있다면,

- 긍정적으로 일하게 되어 주변 사람들로부터 존경받을 만한 결과를 낼 수 있었다.
- 자격증 시험공부에도 놀라울 정도로 집중할 수 있었다, 응시하자마자 바로 합격했다. (훌륭해!)

- 해야 할 일을 순식간에 처리하고 원하는 만큼 내 시간을 만끽할 수 있다.
- 힘들이지 않고도 다이어트에 성공! 단시간에 탄력 있는 몸매를 만들었다.
- 예전에는 엄두도 못 내던 창업이라는 도전에 도전했고, 경제적 자유를 누릴 수 있게 되었다.

그렇습니다. '의욕', 이 얄미운 '의욕'을 언제든지 원하는 대로 컨트롤 할 수만 있다면, 일상은 '즐거움'의 연속이 될 것은 틀림없습니다. 즐거움의 차원을 넘어 인생이 바뀐다고 해도 과언이 아닙니다.

세 번째 의욕을 깨달으면 인생이 고달프지 않다

저는 지금까지 기업가, 정치인, 경영 임원, 베스트셀러 작가, 의사, 외국계 기업 영업 부문 임원, 상장사 직원, 간호사, 아나운서, 객실 승무원, 대학생, 전업주부 등 1만 2000 여 명 이상을 대상으로 목표 달성 컨설팅을 진행해 왔습니다.

앞서 소개한 사례처럼 '긍정적으로 일하게 되어 주변 사람들로부터 존경받을 만한 결과를 낼 수 있었다' 이와 같은 후기는 이 책에서 다룰 의욕을 자유자재로 컨트롤할 수 있게 되어 실제로 자신을 바꾸고 인생까지 달라진 사람들의 사례 중 극히 일부입니다. 자신의 의욕을 자유자재로 조종하고, 원하는 삶을 살아가는 사람들이 실제로 존재하는 것이지요.

다만! 우리가 무언가를 하려고 할 때, 반드시 앞을 막아서는 것 역시 '의욕'입니다. 바로 '의욕의 벽'이지요. '의욕의 벽'을 뚫지 못하는 한, 우리의 삶은 인생은 변하지 않을 것입니다. 아……. '의욕의 벽'이 없다면, 인생이 얼마나 달라질까요……. 고군분투하지 않고 '의욕의 벽'을 간단히 돌파할 수 있다면, 우리 인생이 얼마나 달라질까요? 의욕을 컨트롤할 수 있다면 어떤 일을 실현하고 싶습니까? 어떤 사람으로 변하고 싶습니까?

우리는 '의욕의 벽'에 가로막히지만, 소위 초일류라고 불리는 사람들은 행동을 막아서는 '의욕의 벽'을 매우 쉽게 극복할 수 있습니다. 의욕의 벽을 매번 쉽게 극복할 수 있을 뿐만 아니라 자유자재로 자신의 의욕을 컨트롤 할 수 있습니다. 그래서 남들보다 더 빨리 행동할 수 있고, 자신이 원하는 삶을 살아갈 수 있는 것입니다. 그런 의욕의 벽을 매번 심지어 아주 쉽게 돌파하고, 의욕을 자유자재로 통제할 수 있게 되려면 당신이 알아야 할 것이 있습니다. 다행히 단 2개뿐입니다.

하나는 의욕에는 3가지 종류가 있다는 것. 그리고 의욕을 자유자재로 컨트롤하여 원하는 대로의 삶을 사는 사람들은 '세 번째 타입의 의욕'을 사용하고 있다는 것. 이것만 익히면, 바로 초일류 반열에 오르게 됩니다. 아주 쉽게, 자신과 인생을 바꿀 수 있습니다. 놀라울 정도로 말이죠.

서두에, 현재 당신이 '3가지 타입의 의욕' 중 어떤 의욕을 사용하고 있는지 yes · no 플로우로 판별하는 진단을 소개했습니다. 실제로 해 보셨나요?(그냥 넘어갔다면, 지금 앞으로 가서 진단하고 와주세요) 당신은 어떤 타입인가요? 진단 결과에 따라, 어쩌면 당신은 이미 자신을 바꾸고 나아가 인생을 바꿀 준비가 충분히 되어 있을지도 모릅니다. 자신의 진단 결과를 기억하십니까? 결과를 근거로 '3가지 의욕'에 관해 파헤쳐 봅시다.

초일류가 '의욕의 벽'을 돌파하는 방법

'세 번째 의욕'을 자기편으로 삼으면
인생이 바뀐다.

GAP MOTIVATION

02

힘을 '빡' 주고 의욕을 부려서는 안 되는 진짜 이유

숨 가쁨을 유발하는 '하이 모티베이션'

그럼, 바로 첫 번째 '의욕'에 관해 알아봅시다. 사실 가장 위험함에도 불구하고, 그런 줄 모르고 많은 사람이 의지하려고 하는 위험한 '의욕'입니다. 당신의 진단 결과는 괜찮습니까? 그런 첫 번째 의욕이 '하이 모티베이션High Motivation'입니다. 소위 말해서, 의욕이 충만한 상태지요. "좋았어! 오늘도 힘차게 시작해 볼까!"라며 거친 콧김을 내뿜고 있는 상태입니다. 물론, 의욕적인 사람은 좋죠. 그러나 하이 모티베이션이 위험한 이유는 우리가 항상 이 상태를 유지할 수 있다면 좋을지 몰라도, '올라간 것은 반드시 떨어진다'는 원리 원칙이 있기 때문입니다. 즉, 급격히 올린 의욕은 떨어지기 쉽습니다. "처음에는 기세등등하더니, 요즘에는 도통 의욕이 없어 보이네."라는 말을 듣는 사람을 주변에서 본 적 있지 않나요? 그가 바로, 완전히 '하이 모티베이션'의 먹잇감이 되어버린 사람입니다. 당신도 그렇게 되지 않도록 조심해야 합니다. 왜냐하면 '하이 모티베이션'이 단기적으로는 좋을 수 있지만, 이는 일종의 흥분 상태기 때문에 체내에서 '흥분 상태를 원래대로 되돌리려는 기능'이 작용하게 됩니다. 올라간 체온을 정상 체온으로 되돌리려는 것과 같은 기능, 같은 원리입니다. 따라서 첫 번째, 의욕 '하이 모티베이션'은 오래갈 수 없습니다.

자신의 목표를 실현하거나 지금의 나를 바꾸려면 꾸준한 실천이 필요합니다. '로마는 하루아침에 이루어지지 않았다' 그렇게 생각하면, 두말할 필요 없이 단기적인 '하이 모티베이션'을 추천할 수 없는 것이 당연합니다. 당신의 진단 결과가 하이 모티베이션 타입으로 나왔다면, "그때의 열정은 어디로 사라진 걸까?" "요즘 왠지 모르게, 의욕이 떨어졌어." "더 이상은 못 하겠어……." 이런 느낌을 경험해본 적이 있지 않나요? '올라간 것은 내려오기 마련이므로 갑자기 의욕을 높이면 안 된다'고 기억 해두세요.

초일류가 '의욕의 벽'을 돌파하는 방법

갑자기 의욕을 내려고 하면 안 된다.

GAP MOTIVATION

03

초일류만 아는 '의욕'의 정체

할 수 있었으면 벌써 했겠지! '액션 모티베이션'

"의욕이 생겨서 움직이는 게 아니야." "움직이니까 의욕이 생기는 거야." 이런 말을 한 번쯤은 들어 본 적 있으실 거예요. 혹은, "손을 부지런히 움직이면 의욕이 따라오기 마련이야. 군소리 말고 일단 몸을 움직여!" 이런 말을 하는 사람이 당신의 주변에 있을 수 있습니다. 그래서 제가 여러분의 마음속 소리를 대변해 볼게요. '몸을 움직여서 의욕이 나면, 그런 말 듣기도 전에 내가 알아서 움직였겠지!' '좀처럼 움직일 마음이 생기지 않아서 나도 힘들어!(분노)' 이런 기분이시죠? 알아요. 그런데 사실, 과학적 이론으로는 맞는 말이긴 합니다. 행동은 동기 부여 물질을 생성하는 '편도체'라는 뇌의 일부를 자극합니다. 그 결과 의욕이 생기는 것이죠. 이를 '액션 모티베이션이라고 합니다.

두 번째 의욕, '액션 모티베이션Action Motivation'은 과학적으로는 맞지만, 행동으로 이어지기까지가 매우 어렵죠. 정말 어려워요. 사실, 그 행동을 유발하기 위한 의욕이 또 필요하기 때문입니다. '바로 움직일 수 있으면 애쓸 필요가 없다'는 관점에서, 자신을 변화시키고 목표를 달성하기 위해 항상 '액션 모티베이션'에 의지하는 것은 초인적 의지의 소유자가 아니고서는 현실적이지 않습니다. 이 책에서는 당신의 인생을 바꾸기 위해 '쉽게 할 수 있는 방법'을 전하고 싶습니다. 따라서 언제든지 자유자재로 의욕을 일으킬 수 있어야 합니다. 그런 면에서, 두 번째 의욕인 '액션 모티베이션'에는 의지하지 않는 것이 좋습니다.

초일류만 아는 '갭 모티베이션'

드디어 '세 번째 의욕' 세 번째 의욕은 '갭 모티베이션Gap Motivation'입니다. 진단 결과가 '갭 모티베이션 타입'이 나왔다면, 당신은 의욕의 벽을 쉽게 돌파할 수 있습니다! 실제로 갭 모티베이션을 습득할 수 있으면 '하이 모티베이션'과 '액션 모티베이션'의 장점을 모두 활용할 수 있습니다. 그러니 두말할 나위 없이 최강의 의욕이자, 자신의 인생을 원하는 데로 디자인하기 위해 꼭 필요한 의욕입니다. 최고 수준의 결과를 달성하는 운동선수들의 사례를 분석하면, '갭 모티베이션'을 쉽게 이해할 수 있습니다.

예를 들어, 당신이 올림픽 출전을 목표로 한 운동선수라고 가정해 봅시다. 매 순간 거친 숨을 내뱉는 하이 모티베이션으로 4년간이나 연습을 이어갈 수 있을까요? 왠지 지쳐서, 도중에 다 타들어 가 버릴 것 같은 느낌이 듭니다. 금메달 획득을 목표로 담담하게 4년간 최선을 다하는 것이 중요합니다. 다만, 담담하게 최선을 다한다고 해도 인간이기에 '오늘은 연습하기 싫다!'는 마음이 생기는 날도 당연히 있겠죠. 의욕이 생기지 않기 때문에 '하이 모티베이션'은 아닙니다. 행동해야 의욕이 생기는 '액션 모티베이션'도 믿을 수 없습니다. 그럴 때, 의지할 수 있는 것은 '갭 모티베이션'입니다.

갭 모티베이션이란, 한마디로 '갭을 메우고 싶은 마음'입니다. 대부분의 행동을 지시하는 '뇌'는 갭을 발견하면 자동으로 그것을 메우려고 합니다. 거기에는 의욕을 낸다, 내지 않는다는 없습니다. 그저 갭을 메우고 싶어서 행동하는 것입니다. 그래서 갭 모티베이션이라고 합니다. 업무 관련 약속을 잡는 장면을 상상하면, 갭 모티베이션이 작용하는 상황을 이해하기 쉽습니다.

올림픽 출전을 목표로 한 선수가 4년간 노력할 수 있는 이유

예를 들어, 거래처와 미팅 약속이 잡혔다고 가정해 봅시다. 당신의 회사에서 미팅 장소까지는 도보로 15분 걸립니다. 현재 시각은 9시 50분. 그런데도 당신은 아직 회사에 있어요! 미팅 준비 시간이 길어지는 바람에 아직 회사에서 출발하지 못했습니다! 거래처 담당자는 시간에 엄격하기로 유명합니다. 이대로라면 제시간에 미팅 장소에 도착하지 못할 것이고, 비즈니스 파트너로서의 신뢰를 잃고 완전히 OUT입니다. 대위기! 이런 상황에서, 당신이라면 어떻게 하겠습니까? 제시간에 도착하는 이상적인 상황과 지각이 예견된 현재 상황 사이의 '갭을 메우기' 위해 택시를 이용하는 등의 긴급 조치를 취할 것입니다.

자, 여기서 질문 하나 해볼까요? 그 상황에서, 당신은 '서둘러라!'라고 의욕을 부렸을까요? 의욕이 있고 없음에 상관없이,

'이러다 늦겠어! 큰일 났다!'라며 재빠르게 행동을 취했을까요? 늦을 것 같은 현실과 제시간에 맞출 수 있다는 이상과의 갭을 조금이라도 메우기 위해 택시를 타는 행동을 자동으로 한 것이죠? 이것이 갭 모티베이션입니다. 의욕이 있든 없든, 우리는 '갭'을 메우기 위해 자동으로 행동합니다. 즉, '갭을 느끼면', 우리의 의지와 상관없이 '뇌가 스스로 의욕적으로' 행동하게 하는 것이지요. 의욕을 내는 것은 당신이 아니라, 행동의 지시를 내리는 '뇌'인 것입니다. 당신이 아니라 '뇌'가 의욕을 내게 하면, 당신이 원하는 결과를 쉽게 얻을 수 있습니다. 의욕을 억지로 끌어내지 마십시오! 갭을 만드십시오!

올림픽 출전을 목표로 한 운동선수들이 4년 동안이나 담담하게 연습을 이어갈 수 있는 원동력은 무엇일까요? 운동선수들도 인간입니다. 마음이 내키지 않는 날도 있을 거예요. 하지만 그런 날도, 4년 뒤 올림픽에서 금메달을 딴 자신의 모습을 상상하면, 현재 자신과의 갭이 느껴지고, "연습을 안 하면 금메달을 딸 수 없어! 그 갭을 메워야 해!"라며 뇌가 자동으로 훈련을 이어가게 하는 것입니다. 그렇게 연습을 시작해서 움직이기 시작하면 액션 모티베이션도 아군이 되고, 결과적으로 열심히 연습에 임할 수 있게 되는 원리입니다.

초일류가 '의욕의 벽'을 돌파하는 방법

이상과 현실의 갭을 만들어라!

GAP MOTIVATION

하이 모티베이션

액션 모티베이션

갭 모티베이션

Before
After
오늘은
연습하기 싫다.
너무 피곤한데…
그렇지만,
금메달을 따려면…
연습하자!
어느새 목표를
달성했다!
1
달성!

04

뇌가 저절로 의욕을 내는 대단한 구조

모든 것은 갭에서 시작된다

진단 결과가 '갭 모티베이션' 타입이라면, 갭 모티베이션을 능숙하게 활용하는 방법을 익히고, '하이 모티베이션' 혹은 '액션 모티베이션' 타입이라면, 갭 모티베이션의 메커니즘을 이해하고 활용해 봅시다!

갭을 메우려고 하는 뇌의 특성을 활용한 '갭 모티베이션'은 어떻게 보면, '의욕을 끌어올리지 않아도 저절로 작동하는' 마법의 모티베이션이라고 해도 과언이 아닙니다. 자, 가만히 생각해 봅시다. 갭 모티베이션 덕분에 '나도 모르게 행동했다', '정신을 차려보니 몰입하고 있었다'와 같은 경험이 있지 않나요?

예를 들면, '오늘은 아이 생일이니까. 일찍 퇴근해서 가족과 함께 축하 파티해야지!'라고 생각했더니 평소보다 일이 잘 진행되고 일찍 퇴근할 수 있었다. 존경하는 상사로부터, '다음 프레젠테이션에 거는 기대가 커!'라는 격려를 받은 후, 프레젠테이션 발표에서 상사로부터 "역시 기대한 대로야, 대단했어!"라며 칭찬받는 장면을 상상하며 발표 자료 작성에 몰입했다. 그러한 열중과 몰입은 모두 노력하지 않고 '뇌가 마음대로 의욕을 낸' 갭 모티베이션의 작품이었던 것입니다!

의욕을 자동 조작하는 포인트는 '기억'에 있다

어떻게 하면 우리도 갭 모티베이션을 자유자재로 사용할 수 있게 될까요? 의욕을 내고 싶을 때 원하는 만큼 의욕을 낼 수 있게 되고 싶네요. 심지어 최대한 빨리, 최대한 쉽게. 그 키워드는 '기억'입니다.

의욕을 자유롭게 조종하는데 왜 '기억'이 중요할까요? 갭 모티베이션에 의한 '의욕'은 '현실'과 '기억'의 갭을 메우기 위해 창조되었기 때문입니다. 여기서 말하는 '기억'은 당신이 알고 있는 기억과는 조금 다르므로 주의하시기 바랍니다. 갭 모티베이션을 자유자재로 조종하고 원하는 만큼 '의욕'을 내기 위해, 두 종류의 기억이 있음을 알아야 합니다. 두 가지 기억이란 '미래 기억'과 '과거 기억'입니다. '갭 모티베이션'은 이 '두 개의 기억'과 '현실' 사이의 갭을 원천으로 삼습니다. 여기까지 깨달았으면, 당신은 이미 승리한 셈입니다. 초일류, 뜻대로 살 수 있는 사람만이 알고 있는 갭 모티베이션 메커니즘을 손에 넣은 것과 다름없으니까요.

① 미래 기억: 이렇게 되고 싶은 미래

미래 기억? '기억이란, 과거의 사건을 말하는 거 아닌가?' 대부분 그렇게 생각할 것입니다. 그렇다면 미래 기억이란 과연 무엇일까요? 제 초등학교 경험을 예로 들어, 왜 미래 기억이 갭 모티베이션의 원천이 되는지 설명해 보겠습니다. 흥미롭게 읽어주시면 감사하겠습니다.

제가 다니는 초등학교에서는 매년 마라톤 대회를 개최했습니다. 학년별로 남학생 여학생 각각 한 명씩 1등을 기록한 학생들은 전교생 앞에서 상을 받습니다. 제가 초등학교 3학년 때의 이야기입니다. 마라톤 대회 종료 후, 1등을 기록한 학생들이 전교생 앞에서 수상하는 시간이 되었습니다. 저는 상을 받은 학생이 선생님과 친구들로부터 칭찬받고 자신도 뿌듯해하며 기뻐하는 장면을 보았습니다. 그 광경을 보고, 어린 나이에, '좋겠다-! 나도 1등 해서 상 받고 싶다!' 그 열망에 가슴이 뜨거워졌던 그때를 저는 지금도 생생하게 기억하고 있습니다. '내가 1등을 하면 기분이 어떨까?' 초등학교 3학년이었던 저는 그때 제가 1등을 한 미래 장면을, 눈앞의 실제 장면과 겹쳐서 상상하고 있었습니다. 제 마음속에서 '마라톤 대회에서 1등을 거머쥐고 상을 받는다'는 아직 실현되지 않은 미래 기억이 탄생한 순간이었습니다. 이듬해 마라톤 대회가 열리기 한 달 전, 저는 '마라톤 대회에서 1등을 거머쥐고 상을 받는다'는 작년의 상상(미래 기억)을 잊지 않았습니다. 하지만 저의 작년 기록은 7위. 여기서 현실과 미래 기억의 갭이 생깁니다. 미래 기억은 1위. 현실은 7위. 그래서 초등학교 4학년이던 저는 어떤 행동을 하게 됩니다. 누가 시킨 것도 아닌데, 갑자기 혼자서 연습을 시작한 것이지요! 마라톤 대회가 열리기 한 달 전부터, 매일 새벽 5시에 일어나 실전 코스를 똑같이 달렸습니다. 미래 기억과 현실의 갭을 메우기 위해서, 한 달 동안 하루도 빼지 않고 새벽에 일어나서 계속 달렸습니다. 지금 돌이켜 봐도, '초등학생이었음에도 정말 대단했구나!'라고 생각합니다. 그리고 한 달 뒤, 드디어 맞이한 마라톤 대회! 매일 달리면서 익숙해진 코스, 페이스 조절도 완벽했죠. 1년 전의 미래 기억대로 '1등'으로 결승선을 통과할 수 있었습니다! (만세!) 마라톤 대회를 마치고, 제가 작년에 상상했던 시상식의 장면이 그대로 펼쳐졌고, 상상 이상의 성취감과 기쁨에 가슴이 뜨거웠던 그날을 지금도 생생하게 기억하고 있습니다.

'미래 기억'은 '강렬한 감정과 함께 상상되는 미래의 모습(이렇게 되고 싶다)입니다. 강렬한 감정이 동반된 미래의 기억이 뇌에 새겨지면, '미래와 현실의 갭을 메우기 위한' 갭 모티베이션이 발동됩니다. 그리고 그 갭을 메우기 위해서, 저절로 행동하게 되는 것입니다. 우리의 뇌는 선명하고 강렬한 감정을 동반하여, '이렇게 되고 싶다!', '이것을 실현하고 싶다'를 이미지화하거나 체험하면, 비록 실현되지 않더라도 미래 기억으로 저장해 줍니다. 그리고 미래 기억과 현실 사이에 갭을 느끼면, 뇌가 저절로 '행동을 개시하라!'는 지시를 내려주는 것입니다. 이를 '예측 차분'이라고 하며, 뇌과학과 신경과학에서도 증명되었습니다.

초일류가 '의욕의 벽'을 돌파하는 방법

미래를 감정과 함께 상상하면,
갭 모티베이션이 탄생한다.

GAP MOTIVATION

미래 기억과 갭 모티베이션으로 행동력을 높이자

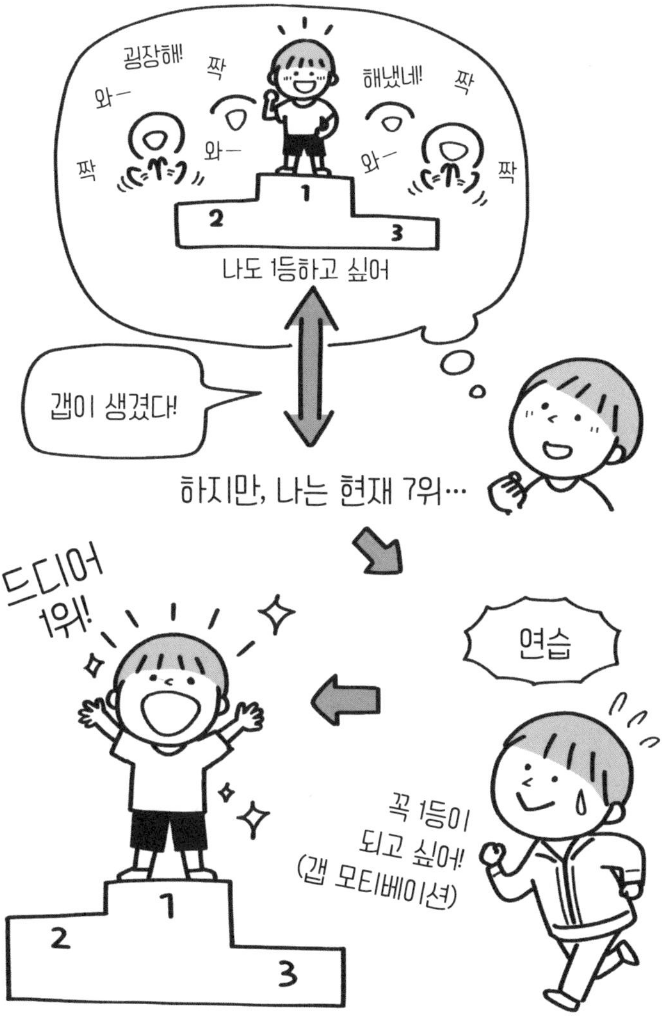

05

'쓸데없는 경험은 없다' 사실일까?

② 과거 기억: 당신의 노력과 실패의 모든 것

'의욕의 벽'은 우리 인생을 방해합니다. '갭 모티베이션'은 얄미운 '의욕의 벽'을 산산조각 냅니다. 이때 합세하여 힘을 보태는 것이 바로 '과거 기억'입니다. 과거 기억은 말 그대로 과거의 나에 관한 기억이죠. 과거의 기억과 현실의 갭은 갭 모티베이션을 유발하는 계기가 됩니다. 앞서 이야기했던 마라톤 대회를 예로 들어 설명해 보겠습니다. '대회 개최 한 달 전부터 매일 새벽마다 꾸준히 연습했기 때문에 1등 할 수 있었다'는 과거 기억이 감사하게도 초등학교 4학년 때 저에게 완성되었습니다. 그 이듬해, 5학년이 된 저는 작년의 경험(과거 경험)을 떠올리며, '작년에 한 달 전부터 연습을 시작했지. 올해도 슬슬 연습을 시작하지 않으면 큰일 나겠구나'라는 생각을 하게 됩니다. 과거 기억과 아직 연습을 시작하지 않은 현재의 나 사이에서 갭을 느끼고, 그 갭을 메우려고 행동을 개시한 것이지요. 올해 역시 일찍 일어나서 한 달 동안 마라톤 대회를 준비하는 행동을 자동으로 일으킬 수 있었습니다. '과거 기억'과 '현재 상황'의 갭으로 행동이 유발된다는 점을 이해하기 쉬운 사례였다고 생각합니다.

직장인의 일상에서도 이와 비슷한 상황이 발생합니다. 예를 들면, '작년에 사내 기획 공모전 참가를 앞두고, 프레젠테이션 내용에 관련해서 부장님께 미리 상의했기 때문에 방향을 잡는 데 큰 도움이 되었어. 올해는 아직 부장님과 상의하지 못했는데, 이러다 곤란해질 수도 있겠어, 얼른 준비해야지'라고 생각하는 사례도 '과거 기억'과 '현실의 갭'으로부터 갭 모티베이션이 탄생하고 행동으로 이어지는 과정을 쉽게 이해할 수 있게 해줍니다. 이때, '의욕을 북돋는다'고 하지 않습니다. 저절로 하게 된 것이지요. 그렇다면, 과거 기억에서 갭 모티베이션을 끌어낼 때, 당신이 반드시 할 일이 무엇일까요? '그때, 참 좋았어~'라며, 과거의 추억을 더듬어 보는 것일까요? 물론 그것도 맞습니다. 필요하죠. 그러니 과거의 영광은 그 자체대로 만끽합시다. 하지만 거기서 멈추면, 그저 과거의 영광에만 사로잡혀있는 안타까운 사람이 되고 말 뿐이니, 현재와의 갭도 느껴봅시다. 여기서 중요한 것이 '체험의 수'입니다. 왜냐하면 '체험의 수가 늘어난다 = 과거의 기억이 늘어난다'고 말할 수 있기 때문입니다. 체험의 수를 늘릴 수 있으면, '그때는 그렇게 했는데, 이번에는 아직 이 부분을 안 했구나'를 깨닫게 되는 경우가 늘어납니다. 현재의 나와 과거의 나를 비교하여, 갭을 느낄 수 있는 횟수가 늘어난다는 것입니다. 다시 말해, '갭을 느끼는 횟수가 증가한다'는 것은 갭 모티베이션 = '의욕'이 탄생할 기회가 많아진다는 것입니다. 체험한 수가 많을수록 실행이 빨라지고, 그만큼 인생을 바꾸는 속도도 빨라질 것입니다. 당신은 인생을 바꿀 만큼 충분한 체험의 양을 확보하고 있나요? 체험의 수가 늘어난다 = 인생을 바꿀 의욕의 수가 늘어난다. 체험의 수가 부족하다 = 인생을 바꿀 의욕의 수가 부족하다. 이를 마음에 새기고, 일상에서 의식적으로 체험의 수를 늘려가면, 의외로 간단하게 당신의 인생이 바뀔지도 모릅니다.

초일류가 '의욕의 벽'을 돌파하는 방법

체험의 수가 늘어나면,
의욕의 수도 늘어난다.

GAP MOTIVATION

06

실패할 때마다 연봉이 늘어나는 이유

실패가 거듭될수록 성공에 가까워진다

과거 기억은 체험의 수. 그러니 체험의 수를 늘립시다. 여기서 가장 중요한 것을 말씀드리겠습니다. 아마도 이 이야기는 당신의 연봉에 영향을 미칠 수도 있습니다. 과거의 기억의 수, 즉 체험의 수를 늘릴 때, 당신이 가장 소중히 여겨야 할 것에 관한 이야기입니다.

과거 기억에서 성공 경험의 수보다, 실패 경험의 수가 당신의 삶을 변화시킵니다. 그렇습니다. 얼마나 인생을 바꿔줄까요? 적어도 저의 컨설팅을 받았던 사람들은 원할 때, 좋아하는 장소에서, 좋아하는 일을 하고, 자기가 할 일을 스스로 선택하면서 시간을 자유롭게 씁니다. 일에 구애받지 않고, 돈 때문에 쇼핑이나 여행을 포기하지 않아도 되는 인생을 살고 있습니다. 당신도 그렇게 될 수 있습니다. 단, 실패의 수를 늘려도 괜찮다는 조건부입니다. 흔히 실패는 성공의 어머니라고 말하지만, 속마음으로는 누구나 실패를 원치 않습니다. "창피함을 겪고 싶지 않아." "비참함을 느끼고 싶지 않아." 하지만 실패 체험의 수가 늘어날수록 의욕이 생기고, 인생에서 성공할 확률이 높아진다면 어떨까요?

실패를 통해 돈을 벌게 된 이야기

앞서 예로 들었던 제 마라톤 대회에는 사실 뒷이야기가 더 있습니다. 분하게도 실패한 이야기입니다……. 정말 비참했지요……. 초등학교 4학년 때 미래 기억의 힘으로 처음 1등을 차지하고, 그 이듬해, 초등학교 5학년 때의 이야기입니다. 마라톤 대회를 한 달 남겨두고 있었습니다. 그 당시, 저는 아직 아침 훈련을 시작하지 않았습니다. 그래서 과거 기억 '작년에는 한 달 전부터 일찍 일어나서 연습했기 때문에 1등을 할 수 있었다'와의 갭이 생깁니다. "슬슬 작년처럼 아침 훈련을 시작하지 않으면, 안 되겠군…….” 과거 기억과의 갭을 메우고자 갭 모티베이션(의욕)이 자동으로 발생했고, 작년과 마찬가지로 한 달 전부터 훈련을 시작했습니다. “올해도 틀림없이 내가 1등일 거야!”라며 올해도 ‘한 달 전’에 연습을 시작한 것까지는 좋았습니다. ‘훌륭하다!’ 그렇게 생각했었습니다……. 그런데 실제 결과는 2등을 기록하고 말았습니다. 왕좌 함락. 물론 1등 했던 작년과 똑같이, 한 달 동안 하루도 빠짐없이 훈련했는데도 말이죠.

이런 결과가 나온 이유에 대한 뒷이야기가 있었습니다. 제가 1등을 하기 전 해인 3학년 때, 1등을 했던 친구가 4학년 때는 제가 1등을 하는 바람에 2등에 머물고 말았습니다. 그리고 그때, “호시가 한 달 동안 열심히 훈련해서 1등을 할 수 있었던 것 같아.”라는 말을 다른 친구로부터 전해 들었던 것이지요. 그래서 그 친구는 “내년에는 나도 호시처럼 한 달 동안 연습해서 1등을 되찾고 말겠어!”라고 결심하고, 훈련에 돌입했다고 합니다. (이것도 어떻게 보면 미래 기억의 힘입니다만…) 그리고 그 친구는 멋지게 1등을 탈환하는 데 성공했고, 저는 2등으로 밀려났지요. 덧없는 1년 천하였습니다(슬픔).

그 후일담을 알게 된 저는 초등학교 5학년이었음에도 불구하고 좋은 결과를 위해 노력하는 것은 당연하다는 것을 뼈저리게 느꼈고(탄식), 다만 자기 나름이 아니라, 남보다 더 노력하지 않으면 결코 원하는 결과를 얻을 수 없음을 깨달았습니다(후회). 앞으로 살아갈 날에 큰 영향을 미칠 과거 기억이 완성된 것입니다.

노력했음에도 1등을 놓친 것은 어찌 보면 실패였을지도 모릅니다. 아니, 쓰라린 경험이었으니 실패가 맞네요. 하지만, 과거의 실패 체험 덕분에, 사회에 진출했을 때도, 창업에 도전했을 때도, 남들보다 더 노력하는 것은 당연하다는 정신이 뿌리내려 있었습니다. 그 덕분에 지금 경제적으로나 시간적으로나 자유를 누리는 인생을 살 수 있게 되었다고 생각합니다. 왜냐하면, 과거의 실패 기억 덕분에 매사에, '정말 남들보다 더 노력하고 있는가? 남들보다 더 노력하지 않으면 진다'는 마음으로 임했고, 자동으로 남들보다 더 노력한 결과, 사업가로서도, 작가로서도 성과를 낼 수 있었기 때문입니다.

그러니 당신도 두려워하지 말고, 자신을 위해 체험의 수, 특히 '실패한 체험의 수'를 늘리십시오. 그리고 실패했을 때는 '멋진 과거 기억이 생겼어!', '실패 체험 덕에 내 인생은 바뀔 거야!'라고 생각해 봅시다. 제가 실제로 그랬으니까요. 그때 친구에게 지고, 2등 하길 잘한 것 같아요. 정말~ 다행이죠! 그때 2

등을 할 수 있어서 말이죠(약간의 허세).

참고로 그 쓰라린 경험을 안고, 이듬해 초등학교 6학년 마지막 마라톤 대회에서는 '남들보다 더 노력하지 않으면 진다'는 과거 기억 덕분에 경쟁자들보다 더 많이, 한 달 반 이상 연습했고, 1등을 차지할 수 있었습니다!

초일류가 '의욕의 벽'을 돌파하는 방법

실패 체험의 수가 늘어날수록, 성공 확률이 높아진다!

GAP MOTIVATION

실패한 과거 기억을 사용해 미래의 성공확률을 높인다

07

인생을 바꾸는 '미래 기억' 창조 기술

어떻게 저 사람은 '의욕'에 의존하지 않고 목표를 달성할 수 있었을까?

갭 모티베이션은 자신을 바꾸고 인생을 바꾸는 최강의 무기이다. 갭 모티베이션(의욕)은 '현실'과 두 개의 기억이다. '미래 기억'과 '과거 기억'의 갭에 의해 자연스럽게 일어난다. 그 결과 마음먹은 대로 행동하는 것이 가능해진다. 여기까지는 다 이해하셨을 것입니다. 담담하게 노력할 수 있는 초일류인만 알고 있는 진실을 당신도 알게 되었군요! 자, '과거 기억'에 대해서는 '일상에서 체험의 수를 늘리는 것'이 중요하다는 것을 알게 되었죠. 그럼 '미래 기억'은 어떻게 만들어야 할까요? 단순히 실현하고 싶은 일을 상상하기만 하면 되는 것일까요? 솔직히 상상만 반복해도 어느 정도 효과는 있습니다. 하지만 물론 그보다 최선의 방법이 있기 때문에, 당신의 삶이 1분, 1초라도 더 빨리 변할 수 있도록 그 방법을 알려드리겠습니다. 이제 당신도 의욕의 벽을 돌파하고 있는 초일류인의 대열에 합류한 것입니다.

인생을 바꾸는 미래 기억은 3단계로 바로 만들 수 있다

미래 기억을 만드는 방법은 믿을 수 없을 정도로 간단합니다. "정말 이렇게만 하면 돼?"라며 맥이 빠질 정도입니다. 오히려 '겨우 이만큼의 차이로 자기 마음대로 살 수 있는 사람과, 그렇지 못 한 사람이 나뉠 수 있단 말인가!'라고 생각하면 모종의 분노를 느낄 수 있습니다. 그럼 이제 방법을 알려드릴게요. 핵심은 3가지입니다.

① 미래 기억은 '이미지, 음성, 감정, 동작', 4가지를 세트로 구성한다.

② ①을 몇 번이고 재현한다(최소 5회 이상).

③ ②를 매일 반복한다.

이상입니다. 이 정도라면 누구나 할 수 있겠죠. 하지만 아마도 안 하고 있을 것입니다. 맞아요, 간단함에도 불구하고 대부분이 하지 않습니다. 안 했다기보다는 몰랐을 수도 있겠네요. 알고 모르고, 하고 안 하고, 그 차이가 인생의 차이를 만듭니다. 미지의 지식이 얼마나 심오한지, 얼마나 어려운지는 중요하지 않습니다. '① 미래 기억은 이미지, 음성, 감정, 동작의 4가지 요소로 구성된다'에서는 자신이 원하는 일이 실현되었을 때의 장면을 오감을 사용하여 이미지화하는 것이 중요합니다. 이미지를 만들기 어려운 사람은 눈을 감고 상상을 부풀려 실현된 장면을 체감해보세요. 이때 다음 사항을 의식해 보세요. 당신이 실천하기 쉽도록 예를 들어 방법을 설명해 드리겠습니다!

- 미래 기억을 만드는 방법

  사례: "회사에 중요한 큰 계약을 내가 체결했다!"는 미래 기억을 만든다면

  나는 어디에 있는가? (예: 회사 사무실, 모여있는 동료들 앞에서 있다)

내 시선에서 어떤 풍경이 보이는가? (예: 상사가 웃는 얼굴로 칭찬하고 있다)

누가 나에게 어떤 말을 하고 있는가? (예: 동료가 "정말 대단해!"라고 말한다)

나는 어떤 말을 하고 있는가? (예: "감사합니다!"라고 말하고 있다)

나는 어떤 기분인가? (예: "역시 도전하길 잘했어!" 뿌듯하다!)

나는 어떤 동작을 하고 있는가? (예: 상사와 악수하고 있다)

이 장면이 뇌에 선명한 이미지로 각인될 때까지 몇 번이고 재현하세요. 첫 번째 핵심은 '감정을 담아서' 재현하는 것입니다. '감정의 강도'가 기억 정착률에 영향을 줍니다.

소리를 내어 말하면 최강의 미래 기억이 된다

미래 기억을 만들 수 있다면, ② 머릿속으로 그 장면을 반복해서 재현합니다. 자신의 목표와 바람이 실현된 순간을 몇 번이고 음미하는 것입니다. 이런 일, 지금까지 해본 적이 있나요?

이때 만들어 낸 미래 기억 장면에서 들리는 나의 목소리. 혹은 마음의 소리를 실제로 내뱉으면, 당신이 만들어낸 미래 기억은 최강이 됩니다. 그 이유는 앞서 이야기했다시피, 미래 기억을 정착시키는 데 가장 중요한 요소는 '감정의 강도'이기 때문입니다. 단 한 번의 경험이라도, 매우 감동했거나, 매우 기뻤던 일은 선명한 기억으로 남게 되죠. 그 메커니즘과 동일합니다. 소리 내어 말하면, 만들어낸 이미지에 감정이 담기고, 미래 기억이 뇌에 정착되기 쉬워집니다.

앞서 나온 예시였던, 직장에서 큰 계약을 체결하고 상사와 동료로부터 칭찬받는 장면에서 나는 어떤 말을 할까요? "감사합니다! 모두 여러분 덕분입니다!" 이렇게 말하겠죠? 어쩌면 마음의 소리는 "어때! 다들 봤지? 나 정말 굉장하지 않아?"일지도 모릅니다(상상만 해도 절로 미소가 지어지죠?). 어느 쪽이든, 소리 내어 말할 때는 주위에 다른 사람이 있는지부터 확인하는 것이 좋겠네요(민망하지 않게)! 그리고 이것을, ② 반복해서 재현한다(최소 5회 이상) ③ 매일 한다. 단 몇 분 만에 인생이 바뀔 것입니다. 이렇게 강조해도, 사실 '소리를 내어 기억에 정착시키기'는 다들 안 하더라고요. 왠지 좀 부끄럽다고 생각하는 것 같아요. 아마도 제대로 하는 사람은 만 명 중에 열 명 정도, 혹은 그보다 더 적을 거로 생각합니다. 당신은 어떻게 생각하십니까? 만약 저라면 이렇게 생각하겠어요. '진짜! 다들 안 한다니, 나는 무조건 해야지! 이것만 해도 벌써 남다른 거잖아?'라고 말이죠. 이 역시, '노력은 당연하다', '남보다 더 많이 한다 = 남이 하지 않는 것을 한다'는 과거 기억이 제 안에 정착되었다는 증거겠지요. 자, 당신은 어떻게 하시겠습니까? 하겠습니까? 하지 않겠습니까?

합성사진은 삶에 영향을 미치는 거대 임팩트

당신은 미래의 자기 이미지를 만들기 어려운 사람일 수 있습니다. 그렇다면 사진처럼 실제 이미지를 사용하는 방법을 추천합니다. 제가 창업한 지 얼마 되지 않았을 때, '베스트셀러 작가가 되고 싶다!'는 목표를 가지고 미래 기억을 만들고 이미지도 만들었습니다. 제가 어떻게 했는지 알려드릴게요.

① 서점에서 베스트셀러를 전시하는 책장 이미지를 파일로 저장한다.

② 내가 V 포즈를 취하고 있는 사진을 찾아서, 내 모습만 오린다.

③ ①의 이미지에 ②의 사진을 붙여, 내가 서점 베스트셀러에 등극한 작가로서 V 포즈를 취하고 있는 이미지를 만든다. 이렇게 말이죠.

혹시, 지금 어이없다고 생각하셨나요? 어떤 면에서는 좀 모양 빠져 보일 수도 있지만, 머릿속으로만 그리는 이미지보다 더 선명하고, 현실과의 갭이 더 크고 강하게 느껴집니다. 그리고 그 갭이 행동하고 싶은 마음을 자동으로 부추겼고, 지금까지 이어져 오고 있습니다. 사실 그 덕분에, 이렇게 베스트셀러 작가로서 2편 연속 10만 부가 넘는 판매 기록을 세울 수 있었고, '갭 모티베이션의 위력은 정말 대단하다'며 실감하고 있습니다.

여전히 귀찮은 사람을 위한 비법

감정을 담아 만든 미래 기억을 반복해서 재현하면, 뇌가 현실과의 갭을 인식합니다. 그렇다고는 해도, 반복해서 재현하고, 미래 기억 이미지로 만든 사진을 수시로 보는 것이 성가시다고 생각하는 사람을 위한 최적의 방법이 있습니다. 그것은 자신의 미래 기억 이미지를 스마트폰 대기화면으로 설정하는 것입니다. 스마트폰은 항상 손에 들고 다니니까 대기 화면을 자동으로 보게 되죠? 이제, 당신은 수시로 미래 기억과 현실의 갭을 실감할 수밖에 없습니다. 그렇게 저절로 의욕이 생긴다면 안 할 수가 없겠죠?

초일류가 '의욕의 벽'을 돌파하는 방법

'오감', '감정', '반복'이
미래 기억을 정착시키는 핵심이다.

GAP MOTIVATION

미래 기억을 만드는 법

이번에 입찰한 계약 건을 저희가 따냈습니다!
다들 고생 많으셨습니다!
와— 굉장해요!
정말 잘하셨어요!
솔직히 말해, 그때는 정말 열심히 했었지!
후후후
반복해서 재현한다
스마트폰에 저장한다
합성 사진을 만든다
계약 체결!
축 대형계약

08

'의욕의 벽'은 '인생 시작'으로 돌파할 수 있다

당신은 왜 인생을 '시작'하지 않는가?

이미지를 만들면 '미래 기억'을 만들 수 있다는 것도 알았다. 감정을 담아 반복하는 것이 중요하다는 사실도 이해했다. 미래 이미지를 스마트폰 대기화면으로 설정하면 편리하다는 것도 배웠다. 그런데도, "저의 목표 달성을 위해, 좀 더 쉽고 빠르게 의욕이 솟구칠 방법은 없나요(간절히)?" 라고 묻는 사람을 위해 최선의 방법을 알려 드리겠습니다. 어떻게 보면, 현실과 미래 기억의 갭을 뼈저리게 느끼는 방법입니다. 바로 '인생 시작'입니다. 인생 시작이 무슨 말일까요? 이 방법이 왜 최선일까요? 이 의문에 대해 아래 제시하는 질문으로 답을 대신해 보겠습니다.

A와 B 중에서 구매 '행동'으로 이어질 때는 언제입니까?

A. 인터넷 쇼핑몰에서, '이 옷 나한테 어울릴까?'라며 머릿속으로 이미지를 떠올렸을 때
B. 실제로 사고 싶었던 옷을 입어 보고, 자신에게 잘 어울린다는 것을 실감했을 때

답은 당연히 B입니다. 그럼 A와 B의 차이는 무엇일까요? 차이점은 미래 체험 선행입니다.

앞서 강조했다시피, '감정'은 미래 기억 정착에 큰 영향을 미칩니다. 이미지만 떠올릴 때보다, 실제로 옷을 시착하는 미래 체험을 했을 때가, 수십 배는 더 '이 옷 멋지다!'는 감정이 들 것입니다. 그 감정의 강도가 현실과 미래의 갭을 더 강하게 실감하게 합니다. 갭을 강하게 느낀다는 것은 '갭을 메우고 싶다!'는 마음이 강해진다는 의미입니다. 즉, 갭 모티베이션(의욕)의 힘도 강해집니다. 옷을 시착하듯이 당신이 실현하고 싶은 목표, 이루고 싶은 바람, 되고 싶은 자기 모습을 선행하여 시착하면 믿을 수 없는 속도로 당신의 삶이 달라집니다. 이제 제트기만큼 빨라질 것입니다!

'인생 시착'은 최강의 목표 달성 기술이다

미래 체험을 선행하는 '인생 시착'이란 무엇일까요? 만약, 당신이 앞으로 실현하고 싶은 목표가 라이프스타일을 바꾸는 것이라면, '이사하고 싶은 지역의 부동산 방문하기', '이사하고 싶은 지역 임장하기' 등이 미래 체험을 선행하는 방법입니다. 만약, 직장에서 이동하고 싶은 부서가 있다면, '원하는 부서에 찾아가 현장 분위기 느껴보기'도 강렬한 미래 체험 선행이 될 것입니다. 살고 싶은 지역에 방문해서 체험하고, 일하고 싶은 부서의 현장 분위기를 피부로 느끼고, 입고 싶은 옷을 시착해 보는 등의 미래의 체험은 현실과의 갭을 더욱더 강하게 느끼게 해줍니다. 그리고 그만큼 더 강한 갭 모티베이션, 즉 의욕이 생깁니다.

실제로, 제가 진행하는 심리학 강좌 수강생 중에, 이 '인생 시착 = 미래 체험 선행'을 자녀 교육에 활용하여, 합격하기에는 성적이 부족했던 지망 학교에 아들을 훌륭하게 입학시킨 사례도 있습니다. 고등학교 수험생 자녀를 둔 수강생의 이야기입니다. 이분은 아들의 수험생활이 시작되기 전부터, "지망한 학교에 어떻게 합격했나요?"라는 인터뷰 상황을 구상하고, 아들에게 지망학교에 합격한 사람으로써의 미래 체험을 선행하게 했습니다. 인터뷰 내용은 다음과 같았습니다.

- 지원 학교에 합격 비결은 무엇입니까?
- 입시를 준비하면서 가장 힘든 점은 무엇이었습니까?
- 공부가 힘들 때는 어떻게 이겨내셨나요?
- 이 학교를 지망한 이유는 무엇입니까?
- 신입생으로써 경험해 보고 싶은 것은 무엇입니까? 등등.

이와 같은 인터뷰를 반복하는 과정에서 아들에게는 '지망 학교에 합격했다'는 미래의 체험과 함께 미래 기억이 정착되었습니다. 그 결과, '지망 학교에 합격한 미래 기억'과, 그러기 위해서는 '아직 부족한 학력의 현실'을 채워야 한다는 갭 모티베이션이 발동했습니다! 그리고 훌륭하게도, 원하던 학교에 합격하면서 자신의 인생을 바꾸는 성과를 거머쥐었습니다. 자신이 이상으로 꿈꾸는 인생을 '시착'하는 방법은 다양합니다. 당신의 목표에 맞추어, 미래 체험을 반드시 선행해 보시기 바랍니다. 놀라울 정도로 쉽게 의욕이 솟구칠 것입니다.

초일류가 '의욕의 벽'을 돌파하는 방법

갭을 더 강하게 실감하기 위해, 인생을 시작해 보자

GAP MOTIVATION

2장

영원히 지속되는 '의욕'을 만드는 방법

GAP MOTIVATION

감동할 만큼 인생이 극적으로 바뀌는 7가지 방법

제1장에서 우리는 의욕의 벽을 돌파한 초일류인은 갭 모티베이션을 아군으로 삼고 있음을 알게 되었습니다! 이 장에서는 나이에 상관없이 언제든지 당신의 인생을 영원히, 원하는 대로 바꾸기 위한 갭 모티베이션(의욕)을 강화하는 방법을 알려드리겠습니다. 현실과 두 기억(미래 기억, 과거 기억)의 격차를 만드는 것이 기본이지만, 이 장에서 다루게 될 내용을 숙지하는 것만으로도 당신의 행동력은 주위로부터 존경의 시선을 모으는 수준으로 단숨에 진화할 것입니다.

01 미래의 자신과 동맹을 맺는다

혼자서는 꾸준히 할 수 없다

"하면 좋다는 것은 알고 있지만, 좀처럼 실천으로 이어지지 않는다.", "꾸준히 할 수가 없다." 그럴 수 있죠. 이런 고민을 하는 사람이 당신 혼자만은 아닙니다. 걱정하지 마십시오. 다만 돌이켜보면 '지금 나 혼자', 눈앞에 놓인 '해야 할 일'과 싸우고 있었던 것은 아닐까요? 그럴 때는 '미래의 나'의 편에 서는 것이 가장 쉬운 해결책이 됩니다. 자, 무슨 의미일까요? 제가 경험한 실제 사례로 설명해 보겠습니다.

"해야 하는데, 의욕이 없어." 저도 이런 고민을 할 때가 있습니다. 당신과 마찬가지입니다. 제가 도무지 의욕을 낼 수 없는 것 중에 하나가 '식습관 바꾸기'입니다. 매일 먹는 식단을 건강

식으로 바꾼다. 탄수화물과 기름진 음식을 멀리한다. 채소를 많이 먹는다. 알고 있죠. 알고 있지만…….

불고기 먹고 싶어!

스테이크 먹고 싶어!

초밥 먹고 싶어!

라면 먹고 싶어!

흰 쌀밥 먹고 싶어!

햄버거 또 먹고 싶다!

사실 이런 욕망에 사로잡힌 식생활을 해 왔습니다(부끄럽네요). 다행히도 일주일에 두 번씩 퍼스널 트레이닝을 받은 덕에 체형을 유지할 수는 있었습니다. 그러나 기존에 없었던 여드름이 이마에 조금씩 솟기 시작했고, 여드름 치료를 받아도 차도가 없음을 느끼게 되었습니다. 그렇다면 분명히 식습관의 문제입니다. 욕망에 끌려 먹고 싶은 대로 먹던 제가 신기하게도, 채소 위주의 식생활로 확 바꾸면서 여드름도 사라지고 피부도 원래대로 깨끗해진 겁니다! 제 식생활 변화에 아내도 깜짝 놀랐습니다. "그렇게 고기만 찾더니, 무슨 일이 있었어?"라고 걱정할 정도로 말이죠. 도대체 무슨 일이 있었던 걸까요?

최강의 아군은 '미래의 나'였다

그때 제가 한 것은 '미래의 나와 동맹 맺기'였습니다. '미래의 나와 동맹 맺기'는 정확히 말해 '미래의 이상적인 나와 동맹을 맺는다'는 의미입니다. 즉, 눈앞에 유혹이 닥치면, '미래의 이상적인 나'에게 상의하는 것입니다. "오늘도 고기 먹고 싶은데 어떡하지?" "술을 마셨더니 라면 먹고 싶다. 어떻게 생각해?" '미래의 이상적인 나'와 상의하려고 하면, 자연스럽게 머릿속에 '미래의 이상적인 나의 모습'이 떠오릅니다. (저는 40대에도 다부진 복근과 탄력 있는 몸매, 깨끗한 피부를 소유한 젊고 건강한 모습이 '미래의 이상적인 나'였습니다) 이것이 핵심입니다. '미래의 이상적인 나'에게 상의하면 자동으로 '미래 기억'이 생기겠죠. 미래 기억을 떠올리면 당연히 현재의 나와 갭을 느끼기 때문에 '고기 그만 먹고 채소 먹자!', '라면은 적어도 내일 점심으로 먹자(먹을 거야!)'라는 갭 모티베이션이 생겨 갭을 메우는 행동을 합니다. 제 경우에는 '채소를 많이 먹는다', '해장라면은 내일로 미룬다'

를 자연스럽게 할 수 있게 되었습니다. 제가 한 일은 '미래 기억과 현실의 갭을 만들어 갭 모티베이션 발생시키기'. 단지, 이것뿐입니다. 기본적인 행동이지만, 이를 '미래의 나와 동맹 맺기'를 통해 언어로 표현함으로써 미래의 내 모습(미래 기억)을 자주 재현할 수 있습니다. 그리고 미래의 나에게 상의하면 꽤 가혹한 대답이 돌아오곤 합니다. "그래, 오늘도 고기 먹어. 미래의 나처럼 될 생각이 없다면."(뜨끔해집니다) 이런 말을 듣는 상황을 이미지화하면, 멈추고 싶은 '의욕'이 생깁니다. '항상 미래의 나를 떠올리면, 항상 갭을 느끼게 되므로, 항상 행동할 의욕이 생긴다'는 원리입니다. 지금 당장, 바로 이 순간 미래의 자신과 동맹을 맺어 보세요. 인생을 바꾸고 나를 바꾸고 싶다면, 미래의 나와 같은 편에 서는 것이 먼저입니다

초일류가 '의욕의 벽'을 돌파하는 방법

어려움에 혼자 맞서지 마라.
미래의 나와 함께 싸워라!

GAP MOTIVATION

혼자 있으면 별생각 없이 먹어버린다

미래의 나에게 상의하면 긍정적으로 변화한다

02

1분 54초로 인생이 바뀐다

우리는 믿을 수 없을 만큼 많은 기회를 놓치고 있다

의욕이 있고 없고도 중요하지만, 이런 생각을 하는 사람도 많지 않을까요? "매일 재수가 좋고 행운이 찾아오면 얼마나 좋을까? 그럼 절로 의욕이 솟구칠 텐데!" "하지만, 그런 운 좋은 우연을 기다려 봐야……." 아니요, 그런 일은 일어날 수 있습니다! "정말?" "그런 일이 일어난다고?" 네, 그런 행운을 만드는 방법이 있습니다. 게다가 과학적으로 설명 가능한 방법으로 말이죠. 그래서 운 좋은 일만 일어났으면 좋겠다고 생각하는 당신에게 부탁이 있습니다. 간곡히 부탁드립니다. 속는 셈 치고 (물론, 속이지 않습니다), 78페이지의 QR코드를 스마트폰 카메라로 스캔해서 링크된 동영상을 봐주세요. 1분 54초면, 아무 일도 일어나지 않던 당신의 일상에 갑자기 기회가 찾아올 것입니다. 영적인 이야기로 들리시나요? 미신이나 종교적 내용이 절대 아닙니다. 심리학 실험 동영상입니다. 링크 주소 출처는 유튜브YouTube 동영상입니다. 광고 동영상 아닙니다. 안심하세요. 놀랍습니다! 우리는 세상의 기회를 이렇게 많이 놓치고 있었단 말입니다. 말이 필요 없습니다. 어쩌면 할 말을 잃을지도 몰라요. 저는 이 1분 54초짜리 동영상을 보고 나서 "진짜?!"라며 무심코 고함을 질렀고, 그 소리를 들은 아내가 걱정된 나머지 서재로 달려왔을 정도입니다. 말보다 증거, 백문이 불여일견입니다. 일단 보세요. 불과 1분 54초, 해외 드라마에서 형사가 미스테리한 사건의 실마리를 풀어내는 장면입니다. 바로 이 동영상과의 만남이 당신의 인생을 바꿀 놀라운 경험을 안겨 줄 것입니다. 음성은 중요하지 않습니다. 음 소거로 재생해도 됩니다. 아무튼 끝까지 봐주세요. 마지막에 이 실험의 근거가 나오기 때문입니다. 동영상을 보고 제 해설을 읽으면, 믿을 수 없을 정도로 확신하게 될 것입니다.

[링크] https://youtu.be/ubNF9QNEQLA
QR코드를 읽을 수 없다면 유튜브에서 다음을 검색해 주세요.
Test Your Awareness : Whodunnit?

놓친 기회의 수는 무려 1,000배!

어떠셨나요? 동영상 중간(00:55)에 나온 자막, 'Did you notice the 21 changes?'는 '당신은 21개의 달라진 점을 눈치채셨나요?'라는 뜻입니다. 저는 전혀 눈치채지 못했어요(깜짝 놀랐습니다). 이렇게 노골적으로 변했는데, 우리의 뇌는 전혀 깨닫지 못하는 것입니다. 무서울 정도입니다……. 정말 소름 끼치네요……. 일상에서도 분명 인생을 바꿀 기회가 눈앞을 지나가고 있을 거예요……. 왜 이런 현상이 일어날까요?

우리 뇌에 있는 '망양체부활계(Reticular Activating System, RAS)'가 정보를 선택적으로 인식하기 때문입니다. 우리는 당연하게도 지금 보이는 세계가 전부라고 생각합니다. 그러나 뇌과학적으로는 그렇지 않습니다. 우리 뇌가 인식하는 정보는 원래 존재해야 할 정보의 약 1,000분의 1 정도라는 것이 과학적으로 밝혀졌습니다. 1,000분의 1이란 말이죠! 1,000분의 1. 예를 들어, 내 앞에 1,000명이 줄지어 서 있어도, 뇌는 눈앞에 있는 한 명만 인식할 수 있다는 의미입니다. 너무 무서운 상황입니다. 1,000명 중의 1명밖에 못 보면서, "좋을 게 전혀 없다."라고 투덜거리고 있는 것이죠. 그렇게 투덜거릴 시간이 있다면,

그보다 나머지 999명을 보도록 노력하고 거기서 기회를 찾아야 합니다. 그럼 인생이 순식간에 바뀝니다. 나머지 999명 중에 당신에게 행운이나 기회를 줄 사람이, 한 명 정도는 있지 않겠어요? 그렇잖아요! 내가 보는 세상이 전부는 아닙니다! 오히려 '지금 내가 깨닫지 못하고 있는 곳에 기회가 숨어있다!' 이렇게 생각을 바꾼 사람만이 인생을 바꿀 기회를 만날 수 있습니다!

초일류가 '의욕의 벽'을 돌파하는 방법

지금 보이는 세계 밖에 기회가 있다.

GAP MOTIVATION

이렇게 많은 사람이 있는데도 한 명만 보인다는 것이, 우리 뇌의 진실

03

'뇌'를 아군으로 삼지 않으면 우울해진다

성공한 사람이나 평범한 사람이나 기회의 수는 다르지 않다

우리는 세상의 극히 일부분만 보면서 살고 있습니다. 일상에서 얼마나 많은 기회를 놓치고 있는지 실감하셨을 것입니다. 정말 무섭죠. 이 말을 하는 지금도 분명 기회를 놓치고 있을 거예요. 확실히요. 그런데도, 앞서 말한 바와 같이 우리 뇌에서는 'RAS'에서 인식할 수 있는 정보가 마음대로 선택되고 있습니다. 그러면 '우리가 인식할 수 있는 정보의 양을 늘리면 되지 않을까?'라고 생각할 수도 있지만 뇌의 구조상 우리가 인식하는 정보량을 폭발적으로 늘릴 수는 없습니다. 우리가 인식할 수 있는 정보는 항상 1,000분의 1뿐입니다.

그러나 양을 늘릴 수 없다면 질. 즉, 인식하는 정보 중에 긍정적인 것만, 자신을 바꿀 기회만 선택하면 되잖아요! 우리가 놓쳐 버린 정보에만 기회가 있다면 반드시 손해를 보게 될 테니까요. 의욕을 잃게 만드는 불쾌한 정보보다 의욕을 북돋아 주는 행복한 정보, 행운만 인식하는 뇌로 만들어 버립시다.

기회를 놓치게 하는 가장 큰 적은?

하지만 여기서 안타까운 소식이 있습니다. 행운의 정보만 찾을 수 있는 뇌로 만들면 된다고 말씀드렸지만,

우리 뇌는 '긍정적인 정보'를 자동으로 찾을 수 없습니다. '긍정적인 정보'를 자동으로 찾을 수 없다는 것은 무슨 의미일까요? 예를 들어, 당신은 주변 사람의 변화를 잘 알아차리는 타입입니까?

- 헤어스타일이 바뀌었다
- 새로 산 넥타이를 맸다.
- 가방이 바뀌었다.

- 안경이 달라졌다.
- 새 구두를 신었다. 등등

누군가 나의 변화를 알아차리고, 칭찬해 주면 기분 좋죠? 맞습니다. 저도 그렇습니다. 그리고 나의 변화를 알아차린 상대방에 대해서 좋은 감정이 들기 마련입니다. 주변 사람의 변화를 알아차릴 만큼 눈썰미가 좋다는 것은 인간관계가 원만해진다는 점에서 바로 '긍정적인 정보'라고 할 수 있습니다. 그런데 당신은 주변 사람들의 변화를 잘 알아차리나요? "너, 정말 눈썰미가 없구나!"라고 핀잔을 들어 본 사람도 많을 거예요(그런 말을 들으면 적잖이 당황스럽죠). 그래도 안심하세요. 당신만 그런 것은 아니니까요. 그리고 누구에게나 '전혀 알아채지 못하는 일'이 비일비재하게 일어나고 있으니까요. 이는 우리의 뇌가 '긍정적인 정보'를 자동으로 찾을 수 없다는 증거이기도 합니다. "긍정적인 정보를 찾자!"라고 자신에게 말하지 않으면, 헤어스타일의 변화도, 새로 산 넥타이도, 안경이 바뀐 것도, 새로 산 구두도, 우리는 깨닫지 못하는 뇌가 되어버립니다. 모든 사람에게 해당합니다. 그러니까 "긍정적인 정보를 찾아라!"라고 당신의 뇌에 명령하세요. 그러면 찾을 수 있습니다. 당신의 인생을 바꿀만한 사건을 말이죠.

사실, 모든 사람이 타인의 흠을 찾으려고 한다

"긍정적인 정보를 찾아!"라고 뇌에 명령을 내리지 않으면, 안타깝게도 우리 뇌는 무의식적으로 '부정적인 정보'를 무한히 찾아냅니다. 왜냐하면 뇌의 최우선 사항이 '죽지 않는 것'이기 때문입니다. 그래서 뭔가 위험한 일, 안 좋은 일은 최우선으로 감지합니다. 자꾸 부정적인 부분에만 신경을 쓰게 되는 이유는 당신에게 문제가 있어서가 아니라, 우리가 이런 시스템을 가지고 태어났기 때문입니다. 뇌는 긍정적인 정보보다 부정적인 정보를 더 중요하게 여길 뿐만 아니라 최우선에 둡니다. TV 뉴스에서 부정적인 내용을 많이 다루는 이유도 그 때문입니다. 부정적인 내용이면 뇌가 자동으로 감지합니다. 이 원리가 시청률에도 반영되므로, TV 뉴스에서 부정적인 정보 콘텐츠 보도 비중이 높은 것입니다. 내가 잘하는 일이나 타인의 긍정적인 면보다, 내가 못하는 일과 타인의 부정적인 면에 주로 관심이 가는 것도 이 때문입니다. 우리는 나이, 성별을 불문하고, 뇌의 기능상 누구나 부정적인 정보를 자동으로 찾습니다. 다만 그렇게 되면, 우리의 기억은 부정적인 기억(체험)만 남게 되잖아요. 다음처럼 말이죠.

"나만 ○○을 못해(다른 사람도 못하는데)."

"역시 실패했어(다른 건 잘했는데)."

"또 경고받았어(다른 건 칭찬받는데)."

이렇게 부정적인 면에만 주목하면, '행동하고 싶다!'는 감정이 들기 어렵습니다. 의욕이 생기지 않을 뿐더러, 하기 싫고 부정적인 부분만 발견하다 보면, 결국 마음이 아프고 우울감에 빠질 수도 있습니다.

초일류가 '의욕의 벽'을 돌파하는 방법

나의 뇌에 '기회를 찾아!'라고
항상 지시를 내린다.

GAP MOTIVATION

평상시

뇌에 '긍정적인 정보를 찾아라!'라고 명령

04

'목표를 세우지 못한다'는 사실, 환상이다

목표 설정을 좋아하는 사람이 있고, 싫어하는 사람이 있는 이유는 무엇일까?

갭 모티베이션(의욕)의 원천이 되는 미래 기억이 누군가에게는 목표 설정으로 느껴지기도 합니다. 그래서 이런 감정을 느끼는 사람도 있습니다. '목표 설정은 어려워' '목표를 세우는 것 자체가 싫어' '목표를 세우면 의욕이 사라져' 이해합니다. 단지, 목표 설정이 서툰 사람도, 목표를 가지면 의욕이 없어지는 사람도 갭 모티베이션의 사용법을 조정하면 쉽게 해결할 수 있습니다. 간단하게요!

2010년 영국의 심리학자 리처드 와이즈먼Richard Wiseman의 실험에서 목표를 달성하는 사람들, 즉 행동하는 사람들이 실천하는 일 중에서, '목표 달성에 가장 효과적인 일이 무엇인지'가 판명되었습니다. 목표를 설정하고, 그 골Goal까지의 중간에 작은 골(목표)을 설정합니다. 작은 목표를 달성할 때마다 스스로 자신에게 줄 보상을 설정합니다. 이것이 행동을 촉진하는 데 있어 가장 효과적이었다고 합니다. 이 실험 결과가 '갭 모티베이션'과 '목표 설정에 대한 거부감'에 어떤 긍정적인 영향을 줄까요?

목표 설정이 어렵거나 거부감이 드는 사람은 어쩌면 '과거 기억'의 영향을 받고 있기 때문일지도 모릅니다. '너무 큰 목표를 세웠고, 달성하지 못해서 기분이 안 좋다' '불가능한 목표를 설정하는 바람에 결국 달성하지 못했고, 기분만 나빠졌다' 이렇듯 과거에 '목표를 달성하지 못한 부정적인 기억'을 뇌가 떠올리면 '목표 설정은 어렵다'는 감정이 생깁니다. 그러면 '갭을 메우자!'보다는 '달성하지 못하면 기분만 나빠질 테니, 목표를 세우는 것 자체가 싫고, 가능하면 피하고 싶다'는 마음이 우선시 되고 맙니다.

하지만 리처드 와이즈먼의 연구 결과에 따라, 목표를 작게 나누어 보면 어떨까요? 작게 나눈다는 것은 본래의 목표에 도달하기 전의 목표를 만든다는 것을 의미합니다. 감각적으로 보면, 본래의 목표를 달성하기 전에 허들을 낮춘 목표를 만들어 보는 느낌입니다.

예를 들어, '매일 복근 운동을 30번 한다!'가 목표라면, 이것을 작게 나눈다(허들을 낮추다)와 '매일 복근 운동 1회씩 한다!'는 느낌입니다. '이 정도면 할 수 있을 것 같아!' 정도로 작게 나누면, '행동해 보자!'라며 의욕이 생깁니다. 이것은 목표를 몇 단계로 줄임으로써 '달성하고 있는 이미지가 떠오른다!'라는 미래 기억을 실감하기 때문입니다. 즉, '목표를 세우기 어렵다'고 느끼는 사람은 목표 설정 능력이 서툰 것이 아니라, 어렵게 느껴지는 '목표 설정 방법'을 사용하고 있었던 것입니다.

목표가 크고 선명한 이미지로 떠오르지 않으면, 당연히 목표를 달성한 미래 기억을 실감할 수 없습니다. '미래 기억과 현재 상태의 갭을 메우고 싶다!'는 갭 모티베이션에서 나오는 '의욕'은 미래 기억에 '할 수 있을 것 같아!', 혹은 '달성하고 싶어!'라는 강렬한 감정을 느낄수록 강해진다는 것은 제1장에서도 말씀드렸습니다.

목표가 너무 커서 달성하고 있는 이미지가 떠오르지 않으면, 미래 기억에 강렬한 감정을 느낄 수 없기 때문에 자연스럽게 갭도 느끼기 어려워지고 모티베이션도 생기기 어려워집니다.

목표 설정은 미래에 실현할 수 있을 것 같다는 생각이 들 정도가 딱 좋습니다. 다시 말해, '목표를 달성할 수 있을 것 같아!'는 이미지가 떠오를 만한 크기로 나누면 딱 좋다고 할 수 있습니다. '별로, 의욕이 생기지 않네'라는 기분이 드는 시점이 되면, 자신의 목표를 재검토해 보는 것도 필요합니다.

대형 시중은행에서 창업으로 가는 길

큰 목표를 '이 정도면 할 수 있을 것 같아!'라는 크기로 줄이라는 말을 들어도 좀처럼 이미지가 떠오르지 않는 분들을 위해서 실제 사례를 소개해 드릴게요.

대형 시중은행에서 일하던 A 씨의 경험담입니다. 오랫동안 직장 생활을 해 온 그에게는 '회사 일에 얽매이지 않고, 자유 시간을 늘리고 싶다', '내가 원하는 일을 하고 싶다!'는 목표가 있었습니다. A 씨의 목표는 '좋아하는 일로 창업해서 경제적으로나 시간적으로 자유로워진다!'인 것이죠 단지 생각만 계속 할 뿐, 행동으로는 옮기지 못하고 있었습니다. 그러다가 창업을 향한 첫발을 내딛기 위해 '정신력을 강화하고 싶다!'는 심정으로

제 심리학 강좌를 수강하게 되었습니다. 그때 심리학 강좌 주제는 '큰 목표를 내가 할 수 있는 수준까지 줄인다'는 것이었습니다. 자, '좋아하는 일로 창업하고 자유로워진다!'를 작게 나누면 어떻게 될까요? A 씨는 강좌를 수강하면서, 큰 목표를 다음과 같이 몇 단계로 작게 나누었습니다.

- 좋아하는 일로 창업하고 자유로워진다!
- 회사에 퇴사 의사를 밝힌다.
- 창업에 필요한 공부를 한다.
- 창업하고 싶은 비즈니스 모델을 명확히 한다.
- 매일 한 시간 일찍 집에서 나와 창업에 관해 생각하는 시간을 만든다.
- 1시간 일찍 집에서 나와 창업에 관해 생각할 장소를 정한다.

자, 어떻습니까? '창업한다!'는 목표가 '창업에 대해 생각할 곳을 정한다'라는 크기까지 작아졌습니다. 이거면 하나씩 달성할 수 있겠다는 이미지가 떠오르죠! '달성하고 있는 이미지가 떠오른다 = 감정을 동반한 강한 미래 기억을 만들 수 있다' 강렬한 미래 기억이 생기면 현실과의 갭을 메우려고 합니다. 그 결과, A 씨는 10년 이상 근무한 대형 시중은행에서 퇴직하고 창업 전선에 뛰어들게 되었습니다. 지금은 자신이 원하는 일을 하면서, 직장 때 받던 연봉을 뛰어넘는 수입과 시간적 자유를 손에 넣었습니다. 당신의 인생이 변하지 않는 이유는 아마도, 당신이 큰 목표를 그대로 추구하고 있기 때문일 것입니다. 그것이 유일한 이유일 수도 있어요.

목표 설정은 달성한
이미지가 떠오르는 크기까지
작게 나눈다.

GAP MOTIVATION

05 모호함이 의욕의 가장 큰 적인 이유

목표 달성에 항상 실패하는 사람의 특징

목표 설정을 어려워하는 사람들의 또 하나의 특성은, '애매모호한 목표를 설정한다'입니다. '애매모호한 목표란 무엇인가?' '애매모호한 목표를 세우는 사람은 왜 목표 설정을 제대로 못하는가?' 여기에 자신의 의지대로 살 수 있는 성공자와 그렇지 않은 사람의 큰 차이가 있습니다. 예를 들어, 당신이 세운 목표가 '남쪽 섬에 간다'라고 가정해 봅시다. 어떤가요? 이 목표를 달성할 수 있을까요? 어떻게 행동해야 할지 이미지가 떠오르나요? 떠오르지 않죠.

남쪽 섬이란 도대체 어디를 말하는 것인가?

국내인가? 해외인가?

국내라면 제주도를 말하는 것인가?

제주도에서도 본섬인가? 부속 섬인가?

부속 섬이라면, 추자도인가? 가파도인가?

목표가 모호하고, 어디가 목표인지 구체적으로 알 수가 없어서, 무엇을 어떻게 해야 할지 아이디어가 전혀 떠오르지 않습니다. 우리 뇌의 특성상, '알 수 없는 것(미지의 것)'을 만나면 사고가 정지되는 경향이 있습니다. 미지의 것은 우리가 알지 못하는 부분입니다. 즉 애매모호한 것이지요. 애매모호한 것을 만나 버리면 사고가 멈춥니다. 사고가 정지되면, '어떤 행동을 할까?'라는 생각도 할 수 없으므로 당연히 목표를 달성할 수 없습니다. 목표를 달성하지 못하면, 자신을 바꿀 수도, 인생을 바꿀 수도 없습니다. 애매모호한 목표 설정 때문에 행동으로 이어지지 못하고, 결국 '목표를 달성하지 못했다', 혹은 '중도에 포기했다'는 기억이 새겨지면서, 자연스럽게 목표 설정을 어려워하는 감정이 생깁니다.

'명확함'이 모든 것을 해결한다

하지만 이 '남쪽 섬에 간다'가 '하와이에 간다'라면 어떨까요? 더 구체적으로, '내년 연말연시 12월 28일부터 1월 4일까지 하와이 오하이오 섬에 간다'라면 어떨까요? 당신은 무엇을 먼저 할까요? 이렇게 목표를 설정한 순간, 이전과 다르게 '어떤 행동을 해야 할까?'라는 이미지가 떠오르죠? 예를 들어, 스케줄 확인. 여행 경비 예산 확인. 호텔 객실 예약 상황 확인. 이 모든 것들이 '행동'입니다. 모호했던 목표를 명확히 하는 것만으로도, '뇌'는 스스로 무엇을 해야 할지 알아내고 움직이기 시작합니다. 당신의 목표에 애매모호한 부분은 없나요? 앞서 사례로 소개했던 A 씨의 큰 목표도 처음에는 모호했죠. '좋아하는 일로 창업하고 자유로워진다!' 좋아하는 일이 뭐지? 자유로워진다는 게 무슨 의미지? 일하지 않아도 된다는 의미인가? 아니면 자신의 일정을 스스로 조율할 수 있다는 의미인가? 그런데, 처음 목표를 작게 나눌수록 점점 명확해져 간다는 것을 알 수 있었죠? 최종적으로는 가장 먼저 달성해야 할 작은 목표가 '1시간 일찍 집에서 나와 창업에 대해 생각할 장소 정하기'였습니다. 무엇을 해야 할지 아주 명확해졌죠? 목표가 명확하면 무엇을 실행해야 할지 바로 알 수 있기 때문에 행동하기 쉽습니다.

'애매모호함은 적이다, 명확함이 행동을 만든다' 반드시 명심해 주세요.

초일류가 '의욕의 벽'을 돌파하는 방법

목표를 명확히 하면,
힘이 솟아난다!

GAP MOTIVATION

목표를 명확히 하면 무엇을 해야 하는지도 명확해진다

06

좋은 결과에만 기뻐하면, 절대 안 된다

좋은 결과에만 기뻐하는 사람은 일류가 아니다

"좋은 성과를 냈다!" 자신이 원하던 바를 이루면 정말 기분이 좋습니다. 그럼, '이 성공 체험을 기억에 정착시키기 위해 강렬한 감정을 동반해서 기뻐하자'고 생각할 것입니다. 그런데 잠시만요. 사실 이 생각은 상당히 위험합니다. 네, 위험해요. '어? 그런데 과거 기억이 중요하다고 했잖아!' '감정을 동반한 체험은 기억에 정착하기 쉽다고 말했었잖아!' 이런 반감이 드시지요? 그건 맞아요. 여기서 제 말의 의미는 '결과에만 만족하면 위험하다'는 것입니다. 왜일까요? '좋은 결과가 나와서 만족한다' '또 한 번의 기회로 좋은 결과를 얻어서 만족한다' 이것을 계속 반복하면 어떻게 될까요? 스스로 깨닫지 못하는 사이에,

'좋은 결과가 나올 만한 것만 행동하자' 이런 패턴이 생겨 버리기 때문입니다. 그리고 '결과가 나올 때만 기뻐하는 체질'이 되고 맙니다. 이러한 패턴에 빠지면, 과거에 좋은 결과를 냈던 방법과 사고방식을 고집하게 되고, '기존의 성공 패턴에 따라 결과가 좋을 것 같은 일만 실행하고 싶다!'는 감정밖에 들지 않습니다. 왜냐하면 좋은 결과를 내지 못하면 기뻐할 수 없기 때문에, '기존의 성공 패턴에서 벗어난 것은 행동하고 싶지 않아!'가 되어 버리기 때문입니다. 이것은 '나를 도전할 수 없는 사람으로 만들어 버리는' 지옥의 입구입니다. 왜 지옥의 입구일까요? 그 이유에 대해 한번 생각해 봅시다. 도전하지 않고 자신을 바꿀 수 있을까요? 인생이 달라질까요? 대답은 물론 NO입니다. 도전하지 않는 사람에게는 목표가 실현된 미래도 없습니다. 게다가 '이건 결과가 좋을 것 같으니까 행동해보자'는 마음으로 임하면, 의욕이 떨어지는 상황이 발생하자마자 바로 의욕 상실로 이어지는 등 의욕 측면에서도 매우 취약해집니다. 좋은 결과에만 기뻐하는 것은 이렇게 위험한 요소를 가지고 있습니다. 진짜 위험하니까 당장 그만둡시다.

'노력을 매우 좋아하는 체질'로 바꾸는 방법

그러면 "좋은 결과가 나와도 기뻐하지 않는 편이 좋을까?"라고 묻는다면, 물론 그렇지는 않습니다. 당신이 초일류가 그러하듯, '의욕의 벽을 돌파하고, 되고 싶은 나로 바뀐다', 이를 실현해 주는 갭 모티베이션에서 탄생하는 '의욕'을 아군으로 만드는 '만족법'이 당연히 있습니다.

세상은 알고 있는가, 모르는가, 그리고 알게 된 것을 실천하고 있는가, 그렇지 않은가, 그 정도 차이일 뿐입니다. 자, 그렇다면 만족법이란 무엇일까요? 초일류만이 알고 있는 갭 모티베이션을 사용해서, 원하는 대로 인생으로 바꾸는 데, 꼭 필요한 '결과가 나왔을 때의 기쁨'이란 무엇일까요? 결과가 나왔을 때, 반드시 "힘들 때도 있었지만, 노력해서 이만한 결과를 이룰 수 있었어"라며 노력을 기뻐하는 것입니다. 맞아요, 노력을 기뻐하는 것이죠. 인생을 바꿀 정도로 중요하니까 한 번 더 강조할게요. '노력을 기뻐한다' 결과뿐만 아니라, 그 과정에 있었던 어려움과 노력도 세트로 기뻐한다는 것이 당신의 인생을 바꾸는 가장 큰 비결입니다.

여태껏 어떤 일에 좋은 결과가 나왔을 때, '해냈다!'라며 결과를 기뻐함과 동시에, '그만큼 노력했기 때문이지!'라고 진심으로 돌아보고, 그 노력도 기뻐했을까요? 노력에 대해서도 기뻐하면, '좋은 결과를 낼 수 있었던 것은 힘들어도 노력했기 때문이다!'라는 과거 기억이 완성됩니다. 이러한 과거 기억을 만들 수 있다면, 당신의 인생은 이제 승리가 확정된 것과 다름없습니다. 왜냐하면 앞으로 우리 뇌는 새로운 일에 도전할 때, '지난번에 도전했을 때는 힘들어도 좋은 결과를 낼 수 있었지'라고 과거 기억을 떠올리고, 그러니 이번에도 '힘든 생각 = 노력하자!'로 생각하게 되어, '결과를 내고 싶다! 그래서 노력하고 싶다!'라며, 자동으로 노력하라는 지시를 내리게 되기 때문입니다. 그리고 결과가 나오면, 역시 노력을 기뻐합니다. 그러면 '노력했기 때문에 좋은 결과가 나왔다!'는 기억이 더욱 강해집니다. 그래서 새로운 일에 직면할 때마다 자연스럽게 좋은 결과를 내고 싶으니까, '노력하고 싶어!' '노력하고 싶어!' 이렇게 자신도 모르게 좋은 결과를 바라는 마음보다 '노력하고 싶다!'는 마음이 훨씬 강렬한 초일류의 루프에 빨려 들어가는 것이지요. 그러면 당연히 당신은 승리할 수밖에 없겠죠! 이 루프를 반복하면서, 당신은 '힘든 일(노력) 없이는 결과가 나오지 않는다', 한발 더 나아가 '힘든 일을 하면 좋은 결과가 나온다!'고 믿게 되므로 어려운 일에 설렘을 느끼고 자진해서 도전하게 됩니다. 이를 두고, '골든 존에 들어간다'고 합니다. 올림픽에서 메달을 획득한 초일류 선수들의 인터뷰를 떠올려 보면, "메달을 획득할 수 있었던 것은 지난 4년간의 힘든 연습이 있었기 때문입니다."라며, 결과에만 기뻐하지 않고, 반드시 노력의 과정도 되돌아본다는 공통점이 있습니다. 확실히 초일류들은 '의욕의 벽'을 돌파하는 방법을 알고 있습니다.

초일류가 '의욕의 벽'을 돌파하는 방법

좋은 결과가 나왔을 때는
그만큼의 '노력'을 기뻐한다.

GAP MOTIVATION

좋은 결과만 기뻐한다
X
달성
좋은 결과가
나올 일만 하자.
달성
노력을 기뻐한다
O
달성
노력해서
기쁘다!
조금 더
노력할 수 있어!
달성
달성

07

'감정적인 사람이 성공한다'는 의외의 사실

'승리 포즈'로 의욕이 배가된다

아침에 일찍 일어났다. 업무가 진행이 순조로웠다. 부하직원에게 화내지 않고 침착하게 조언했다. 짜증 내지 않고 아이와 소통했다. 타인에게 친절하게 행동했다. 공부를 열심히 했다. 등등, '이렇게 할 수 있었으면 좋겠다'고 생각하는 행동이 생겼을 때가 '의욕의 벽'을 돌파할 기회입니다. 어째서 기회일까요? 왜냐하면 자신이 이상적으로 생각하는 행동을 실천한 자신을 향해, '감정을 담아 세 번 칭찬하기'라는 후속 기술을 붙이면, 앞으로 당신이 어떤 일을 앞에 두고 갭 모티베이션(의욕)을 능숙하게 사용할 수 있어서 저절로 의욕이 생기기 때문입니다. 예를 들어, 이런 식으로 자신을 칭찬해 보세요. 직장 상사나 거래처 담당자에게 이상적인 프레젠테이션을 해냈을 때, 혼자 있을 수 있는 장소에 가서……. "와우! 나 정말 대단했어!" "프레젠테이션 자료를 단시간에 정리하다니, 게다가 상대방이 정말 감동 받더라!" "봤지? '정말 대단한데!'라며 감탄하던 그 사람의 표정 말이야." "이것은 전적으로 내 노력의 결과라고!" "정말 훌륭한 프레젠테이션이었어!"

"나도 내가 무서울 지경이야. 하하, 나란 사람 정말 대단해!" 이런 느낌으로 말이죠. 뿜었나요?(상상만으로도 웃음이 절로 터지네요) 가능하면 승리 포즈를 취하고 몸을 움직이면서 소리 내어 칭찬하면 최강입니다.

왜냐하면 인간의 기억은 뇌의 여러 부위에 자극을 많이 줄수록, 선명한 기억으로 남기 때문입니다. 제1장에서 다룬, 인생을 바꾸는 '미래 기억'을 만드는 방법과 같은 메커니즘이죠. 기억을 정착하는 데 중요한 것은 4종 세트(시각, 청각, 동작, 감정)와 반복이었습니다. 따라서 자신이 이상적인 행동을 했던 장소(시각 정보) 그때의 자신의 말과 상대방의 말과 BGM 등(음성 정보) 몸을 움직이는 동작(운동 정보) 이들을 감정에 덧붙이면 보다 '강렬한' 기억으로 저장됩니다. 그 즉시 3번 반복하면 매우 완벽합니다. 다음에 당신이 비슷한 상황에서 도전하거나 비슷한 장면을 마주했을 때, 이날의 이상적인 행동이 강렬한 과거 기억으로 남아 있어 갭 모티베이션(의욕)의 발생원이 됩니다. 기뻐하는 감정을 폭발시키는 것을 삼가거나 잊고 있지는 않나요? 그것은 자신의 인생을 바꿀 기회를 스스로 포기하고 있는 것과 같습니다.

초일류가 '의욕의 벽'을 돌파하는 방법

이상적인 행동을 하면, 감정을 담아 세 번 칭찬한다.

GAP MOTIVATION

감정을 담아 세 번 칭찬한다

3장

부러움을 살 정도로 '의욕'이 멈추지 않는다

GAP MOTIVATION

'의욕'이 사라지지 않는 사람의 비밀

지금부터는 저절로 솟아 나오는 궁극의 의욕 '갭 모티베이션'을 능숙하게 구사하는 단계를 넘어, 이제 무의식적으로 의욕이 솟아나는 상태에 대해 다룰 것입니다. 자동으로 '의욕이 넘쳐서 멈추지 않는 상태'로 만드는 방법을 알려드리겠습니다. 어떤 의미에서는 '갭 모티베이션의 습관화'라고도 할 수 있습니다. 주변에서 이런 사람을 본 적 있지 않나요? 항상 의욕이 넘쳐서 '이 사람은 왜 항상 의욕이 넘치지?'라고 생각하게 만드는 사람 말이죠. 의욕의 벽을 뚫고 남들보다 더 잘 행동하는 초일류 사람들만이 도달할 수 있는 영역입니다. 일상의 모든 습관이 의욕을 불러일으키는 세상, 그런 초일류의 최종 스테이지에 도달하는 방법을 알려드리겠습니다.

01 '늘 하던 대로'를 제압하면, 노력 없이 세상이 바뀐다

'일상생활에서도 의욕이 솟는다' 최강의 세계로

'일상생활 습관이 제멋대로 의욕을 만들어 버린다' 별나다고 생각할 수도 있지만, 그 덕분에 저뿐만 아니라 제 강좌 수강생들 역시 자신을 쉽게 바꿀 수 있었고, 하고 싶어 했던 일들이 모두 실현되었습니다. 그렇게 되기 위해서는 당신이 우선 할 일이 있습니다. 우리 인간 행동의 대부분을 통제하는 '뇌'를 당신 편으로 만들어야 합니다. 맞습니다. 결국은 '뇌'입니다. 자신을 바꾸는 것보다 '뇌'를 바꾸는 것이 훨씬 빠릅니다. 뇌를 당신 편으로 만드는 것은 실제로 굉장히 쉬우니까 안심하셔도 됩니다. 당신을 포함해서 대다수 사람이 모를 뿐입니다.

일반적으로 우리 뇌의 무게(질량)는 전체 체중의 2% 안팎에

불과하다고 알려져 있습니다. 조금 더 나갈 것 같죠? 제 몸무게가 60kg이니까, 제 뇌의 무게는 1.2kg 정도 될까요? 단, 지금부터가 중요합니다! 불과 2% 정도밖에 안 되는데도 불구하고, 무려! 뇌가 하루에 소비하는 에너지가 전체 에너지의 약 25%를 차지한다고 알려져 있습니다(*글루코스 소비량). 쉽게 말해서, 엄청 작으면서 에너지는 엄청 먹는 것이죠. 자동차로 치면 연비가 좋지 않죠? 그런데, 그 사실을 '뇌' 스스로도 인지하고 있기 때문에, '뇌'에는 에너지 소모를 최대한 줄이는 기능이 자체적으로 준비되어 있습니다. 비유하자면, 스마트폰의 저전력(에너지 절약) 모드처럼 말이죠. 스마트폰 배터리 소모를 막으려면 어떻게 해야 할까요? 궁극적인 답은 '스마트폰 사용 안 하기'라고 생각합니다. 네, 그렇습니다. 뇌도 같은 생각을 합니다. 궁극적인 에너지 절약은 '뇌를 사용하지 않는다'라고 말이죠. 뇌에 있어서 '뇌를 사용하지 않는다'는 것은, '생각하지 않는다' = '새로운 일을 하지 않는다' = '늘 하던 대로 똑같은 일을 무의식적으로 반복한다'입니다. 뇌는 '늘 하던 대로'를 반복함으로써 에너지를 절약하고 있습니다. 당신의 뇌는 어떤지 일상을 한번 돌이켜 볼까요?

- 결국 늘 먹던 메뉴를 주문하게 된다(뇌 에너지 절약 효과)

- 항상 비슷한 스타일의 옷만 입게 된다(뇌 에너지 절약 효과)
- 늘 만나던 사람만 만난다(뇌 에너지 절약 효과)
- 항상 같은 가게에만 간다(뇌 에너지 절약 효과)
- 항상 같은 자리에 앉는다(뇌 에너지 절약 효과)

이와 비슷한 상황들은 많습니다. 이러한 현상은 뇌가 '에너지를 소비하고 싶지 않기' 때문에 '늘 하던 대로'하라며, 마음대로 우리에게 행동 지시를 내리고 있는 것입니다. 저 역시 스타벅스에 가면, '늘 하던 대로' 티 라테만 주문하곤 합니다. 이런 경우가 많습니다. 당신은 어떻습니까?

'늘 하던 대로의 반복'에 빠지는 사람의 특징

'늘 하던 대로'는 이렇게 자신도 모르게 일상에서 반복됩니다. 맞아요, 똑같은 일이 반복되는 것이죠. 뇌가 에너지를 절약하고 싶기 때문입니다. 눈치 빠른 분은 이미 알아차렸을 것입니다. '늘 하던 대로'가 반복되면, '늘 하던 대로'의 기억이 강화되고, '늘 하던 대로'가 강하게 정착됩니다('늘 하던 대로'가 강하게 각인됩니다). '강하게 정착된다 = 강하게 각인된 기억'을 떠올리는 것에는 에너지가 소모되지 않습니다. 간단히 비유하자면 다음과 같다.

- 강하게 정착된 기억 = 매일 만나는 사람의 이름을 떠올린다.
- 약하게 정착된 기억 = 20년 전에 한번 만났던 사람의 이름을 떠올린다.

이 두 가지 상황을 비교해 보면, 강하게 정착된 기억(매일 만나는 사람의 이름 떠올리기)에는 에너지가 사용되지 않는 것이 확실하죠. 이렇게 되면 뇌는 에너지를 절약할 수 있는 '늘 하던 대로'의 기억을 계속 떠올리고, 어떤 일을 할 때마다 항상 참고하게 됩니다. 그 결과, '늘 하던 대로'의 행동을 또 반복해서 '에너지를 더 절약한다!'는 것이 우리 뇌의 특징입니다. 우리 뇌의 우수함에 정말 감탄스럽습니다! 하지만 그 덕분에, 결국 매일 같은 일을 반복하는 늪에 빠지게 되는 것이죠. '어떻게 빠져나오지…….' 아니요, 빠져나오는 것이 아니라, 이 '늘 하던 대로의 루프'를 능숙하게 다루는 것이 초일류인의 세계입니다!

초일류가 '의욕의 벽'을 돌파하는 방법

'뇌'는 에너지 절약을 위해
'늘 하던 대로'를 매우 좋아한다.

GAP MOTIVATION

늘 다니던 길로 출근하기
아침에 늘 먹던 대로 먹기
뇌의 에너지 절약 기능 늘 하던 대로를 선택 한다
늘 보는 채널 보기
늘 먹는 메뉴 주문하기
늘 먹던 걸로 주세요.
네! 돈가스 덮밥입니다!

02

'자기 설정'으로 의욕을 '전자동화'한다

궁극의 '알고 보니 이미 되어 있는' 상태

우리의 '뇌'가 에너지 절약을 위해 '늘 하던 대로'를 선호한다면, 다음처럼 '늘 하던 대로'를 실현할 수 있다면, 당신의 인생은 어떻게 달라질까요?

- 모든 일에 대해서 '늘 하던 대로' 남들보다 노력한다.
- 처음 하는 일이라도 주저하지 않고 '늘 하던 대로' 도전한다.
- 짜증나는 상황에서도 '늘 하던 대로' 냉정하게, 감정을 조절한다.
- 해야 할 일이 있을 때는 '늘 하던 대로' 스마트폰의 유혹

을 끊을 수 있다.

- 다른 사람과 의견이 달라도 주저 없이 '늘 하던 대로' 나의 의견을 말할 수 있다.
- 일이나 공부를 시작하면 '늘 하던 대로' 8시간 동안 집중한다.
- 사람들 앞에서 긴장하지 않고 '늘 하던 대로' 말할 수 있다.
- 동료나 가족, 애인에게 '늘 하던 대로' 배려하고 따뜻한 말을 건넨다.

이러한 일들을 '늘 하던 대로'하면, 뇌는 에너지 절약을 원하기 때문에 '늘 하던 대로' 무의식적으로 멋진 행동을 수행하라는 지시를 내립니다. '힘내서 이렇게 하자!'고 생각하지 않아도 됩니다. 얼마나 멋진 일입니까! 노력하거나 의욕을 북돋을 필요 없이 이런 행동을 할 수 있게 된 자신을 상상해 보세요!

인생이 굉장해질 것 같네요! 어디를 가던 무적입니다! 인생이 내 뜻대로 흘러갑니다. 거짓말 같은 이야기지만, '생각한 대로 결과를 만드는 사람' 즉, 초일류인의 감각입니다. '내가 의식하지 않아도, 심장은 스스로 뛰고 있어'와 같은 수준으로, '정신 차려 보니, 내가 이상으로 삼던 행동을 나도 모르게 하고 있다'가 됩니다. 이런 경지에 도달하면, 당신은 더 이상 자신을 바꾸기 위해 애쓰지 않아도 됩니다! 참고로 저는 모든 사람에게 있는 '늘 하던 대로'를 '자기 설정'이라고 부릅니다. 스마트폰이나 컴퓨터를 사용하는 것과 마찬가지로, 우리도 스스로 자신을 설정하고 있으며, 뇌는 그 설정에 따라 우리에게 '이렇게 움직여!'라고 지시를 내립니다. '자기 설정(늘 하던 대로)'을 변경하면, 나머지는 자동으로, 마음대로 움직일 수 있고 원하는 결과를 얻을 수 있습니다. 그럼 어떻게 '자기 설정'을 바꿀 수 있을까요? 지금부터 그 방법을 알려드리도록 하겠습니다.

초일류가 '의욕의 벽'을 돌파하는 방법

초일류는 '늘 하던 대로'의 '자기 설정'을 잘한다.

GAP MOTIVATION

자기 설정 = 늘 하던 대로 를 체크해보자

03

당신의 인생이 갑자기 바뀌는 질문

나를 바꾸는 17가지 질문 - 자기 설정 확인

즉시, 당신의 '늘 하던 대로' = '자기 설정'을 바꿔 봅시다. '자기 설정' 상태를 파악하고 있나요?

가장 먼저 해야 할 일은 현재 자기 설정이 어떻게 되어 있는지 확인하는 것입니다. 스마트폰 설정을 변경하는 것과 마찬가지로, 그대로 두는 편이 좋은 설정도 일부 있습니다.

예를 들어, 스마트폰에서도 한국어 설정을 바꿔 버리면, 스마트폰의 표시를 이해할 수 없게 되니까요. 따라서 자기 설정을 변경하고 싶다면, 먼저 남겨야 할 설정과 변경해야 할 설정을 명확히 합시다.

지금 자신의 설정을 알고 싶다면, 다음 질문의 답을 종이에 적어보세요.

- 어떤 성격입니까?
- 소중히 여기는 것은 무엇입니까?
- 자신이 느끼는 나이는 몇 살입니까?
- 화가 났을 때, 어떤 태도를 취합니까?
- 노력하는 것에 대해 어떻게 생각합니까?
- 자신의 외모에 대해 어떻게 생각합니까?
- 아침에 일어나서, 제일 먼저 하는 일은 무엇입니까?
- 틈새 시간에 당신은 주로 무엇을 합니까?
- 집에서 시간을 가장 많이 쓰는 일은 무엇입니까?
- 쉬는 날에 무엇을 해야 한다고 생각합니까?
- 미래의 자신은 어떤 모습이라고 생각합니까?
- 상사를 대하는 태도는 어떻습니까?
- 부하직원이나 후배를 대하는 태도는 어떻습니까?
- 가족을 위해 어떤 일을 하고 있습니까?
- 위기에 처했을 때, 어떻게 대처합니까?
- 언제 기쁨을 느낍니까?
- 자신을 어떤 사람이라고 생각합니까?

어떤가요? 아마도 자신에 관해 이렇게까지 생각해 본 적이 없는 사람도 많을 것입니다. 이렇게 자기 설정을 생각해 보는 것이 왜 중요할까요? 바로 '자기 설정을 알아야, 비로소 자기 설정을 기억에 남길 수 있기 때문'입니다. 말하자면, '내 스마트폰 와이파이 설정이 꺼져 있네!'라고 인식해야만, '꺼져 있으니 켜자!'라는 행동을 할 수 있는 것과 같습니다. '나는 자기 설정을 어떻게 하고 있을까?'라고 생각함으로써, '내가 나를 이렇게 설정하고 있구나!'라며, 뇌가 나를 객관적으로 인식하게 됩니다(이것을 메타인지라고 합니다). '이제 알았으니까 바꾸려고 한다', '바꾸려고 하니까 행동으로 옮길 수 있어'가 되는 것이지요. '자기 설정이 어떻게 되어 있는가?'에 대해서, 사실, 알고 있던 부분도 있고, 모르고 있던 부분도 있습니다. (다음 장에서 공개하겠지만, 실제로 저 역시, 미처 몰랐던 자기 설정을 발견하고 당황했습니다!) 일단, 자기 설정을 인식했기 때문에 개선할 수 있었습니다.

저는 이 17가지 질문에 망설임 없이 대답할 수 있습니다. '17가지 질문에 대한 답을 모두 인식'하고 있는 사람은 완전히 '당신의 삶이 뜻대로 될 준비가 완료되어 있다'고 말할 수 있습니다.

초일류가 '의욕의 벽'을 돌파하는 방법

현재의 '자기 설정'을 기록해서,
뇌에 인식시킨다.

GAP MOTIVATION

04

100% 잘 풀리는 나로 거듭난다

자기 설정 변경하기 = 새로 태어나기

현재의 자기 설정을 확인하고, 그중에서 '이상적인 상태'에 도달하기 어렵게 만드는 설정을 골라내십시오.

만약, 당신이 '직장에서 동료들과 기분 좋게 일하는 이상'을 가지고 있음에도, 평소 회사 사람과 마주쳤을 때 기분 좋게 인사를 건네지 않는 설정을 하고 있다면, 이상적인 상태에 도달할 수 없을 것입니다.

저는 자기 설정을 적어보면서, '열심히 하고 있으니까, 먹고 싶은 것을 원하는 만큼 먹어도 된다'는 설정이 있다는 것을 깨달았습니다. 그래서 직접 써 보는 것이 중요합니다. 글로 쓰고 나서야, 제가 이런 설정을 하고 있었다는 것을 깨달았으니 말이죠

(정말 깜짝 놀랐어요). 이 설정대로라면, 퍼스널 트레이닝을 받아가며 힘들게 만든 복근도 트레이닝을 그만두는 순간 사라지고, 체형도 망가질 것이 분명합니다…….

그럼 제가 생각하는 이상적인 40대의 모습, '탄탄한 복근과 근육질의 건강한 체형'에 도달할 수 없게 됩니다. 당신도 저처럼, 현재의 자기 설정에서, '이 설정은 별로네….'라고 생각되는 것을 골라내 보세요. 그리고 골라낸 설정을 어떻게 바꿔야 미래에 내가 원하는 결과를 얻을 수 있는지 생각해 봅시다. 바로 새로운 자기 설정을 생각하는 것입니다. 저를 예로 들어볼게요.

- 이상적인 나의 모습

  '40대가 되어도 근육질의 탄탄한 복근을 가진 건강한 신체를 유지한다'
- 방해하는 자기 설정

  '열심히 하고 있으니까, 먹고 싶은 거 마음껏 먹어도 돼'
- 새로운 자기 설정

  식단을 제한하고, 주 2회 헬스장에 가서 운동하기

이렇게 하면, 이상적인 모습에 도달할 수 있을 것 같아요. 당신도 동의하나요? 혹시, "그렇게 설정만 바꿔서 할 수 있는 것이면 벌써 하고 있겠지!"라고 생각하나요? 더 솔직히 말해서, "그건 너무 금욕적인 삶이야. 무리지." 이런 느낌일까요? 네, 사실 제 본심에 상당히 가까운 느낌입니다……. 새로운 금욕적인 자기 설정이죠……. 이상향의 모습을 실현하기 위해 새로운 설정을 쓰다 보면, 대부분은 "그렇게 할 수만 있으면, 고민할 필요도 없지(화가 나네)."라는 말이 나올 법한 내용으로 채워지게 됩니다. 하지만, 그래도 괜찮습니다! "어, 괜찮다고?" 네, 괜찮습니다. 왜냐하면 '그렇게 하기는 무리지'라고 생각되는 설정이라도 정착시키는 요령이 있기 때문입니다. 그리고 그 요령을 알기 때문에, 초일류인은 의욕의 벽을 돌파하고, 자신이 원하던 삶을 사는 것입니다.

도대체 그 요령이란 무엇일까요?

자신에 대한 허들을 낮추는 사람부터 변한다

요령은 두 가지입니다.

첫 번째 요령은 이상적인 모습에 가까워지기 위한, '새로운 설정의 난이도를 절반으로 줄이기'입니다.

저는 '식단을 제한하고, 주 2회 헬스장에 가서 운동하기'라는 새로운 설정의 난이도를 '매끼 식단을 제한하기는 어려우므로 한 끼는 좋아하는 음식을 먹는다'로 낮췄습니다.

91페이지에서 소개한 바와 같이, '행동하는 사람'이 되는 방법은 목표를 작게 쪼개어 작은 골(goal)을 만드는 것입니다. 여기에 의미가 있습니다. 그리고 무엇보다도, '이 정도면 할 수 있을 것 같아!'라고 느끼고, 새로운 자기 설정대로 움직일 수 있었을 때의 '미래 기억'을 이미지로 떠올리는 것이 중요합니다. "한 끼는 불고기를 먹을 수 있으니까, 두 끼 식단 제한은 가능할 것 같아!"처럼 말이죠.

두 번째 요령은 새로운 설정을 '규칙화'하는 것입니다.

제 경우를 예로 들면 다음과 같다.

- 새로운 설정인 '식단을 제한하고, 주 2회 헬스장에 가서 운동하기' 이를 절반 수준으로 줄였습니다.
- '두 끼는 식단을 제한하되 한 끼는 좋아하는 음식 먹기, 주 2회 헬스장에 가서 운동하기'

그런데 이것만으로는 실행 가능성이 높지 않습니다. 왜냐하면 애매한 부분이 있기 때문입니다.

98페이지에서 말씀드린 대로, 뇌는 애매모호한 부분이 있으면 작동을 멈춥니다. 따라서 '명확한 규칙'을 만드는 것이 효과적입니다. 규칙의 힘은 엄청납니다. 뇌는 '이것은 명확한 규칙이다!'라고 인식하면 그대로 실행합니다. 예를 들어, 아무리 의욕이 없어도 빨간불 앞에서는 자동으로 멈추게 되지요? '오늘은 의욕이 없으니까 빨간불 앞에서 멈추는 것을 그만두자'고 하지는 않잖아요? 그냥 지키는 것입니다. 새로운 자기 설정도 마찬가지로, 의욕이 있건 없건 따를 수 있도록, '빨간불이 켜지면 멈춰라'와 같이 규칙화하면 됩니다. 그럼 저의 새로운 설정을 예로 들어서, 모호한 부분을 없애고 규칙화해 보겠습니다.

먼저 '두 끼는 식단을 제한하고 한 끼는 좋아하는 음식 먹기'에서는 '두 끼는 식단을 제한한다' 부분이 애매합니다. 두 끼는 어떤 식사를 의미하는 것일까요? 아침? 점심? 저녁? 더 나아가, 식단 제한은 어떤 의미인가요? 먹어도 되는 음식이 정해져 있나요? 아니면, 아무것도 먹으면 안 되는 건가요? 애매해요. 또한, '한 끼는 좋아하는 음식 먹기', 이것도 애매합니다. 아침, 점심, 저녁 중에 언제 좋아하는 음식을 먹어도 될까요? 이런 애매한 부분들을 개선해서 명확한 규칙화를 하면 이렇게 됩니다.

'아침, 점심은 샐러드만 먹는다. 저녁에는 좋아하는 음식을 먹어도 된다' 이렇게 명확히 하면 '아침이네! 샐러드만 먹어야 해!'가 바로 '빨간불이다! 멈춰!'처럼 수용되는 것입니다.

자신을 바꾸는 최고의 규칙 - 허들을 절반으로 줄인다

그리고 이어서 '주 2회 헬스장에 가서 운동하기' 부분도 살펴봅시다. 언뜻 보기에는 명확한 것 같지만, 이미 알아채셨죠? "그렇게 하면, 불끈불끈 근육을 만들 수 있어!"가 아니라, 애매한 부분이 있어서 규칙으로도 지키기 어렵다는 사실을 말이죠. 요일을 정하는 방법도 있습니다만, 제 경우는 갑작스럽게 방송 출연이나 잡지사의 인터뷰 요청을 받을 때가 있기 때문에, 규칙으로 특화해 보았습니다. 그렇게 조정하면 의욕이 솟지 않아도 주 2회 헬스장에 가서 운동할 수 있습니다.

헬스장 갈 때마다 반드시 다음 예약일을 정해서 주 2회로 맞춘다.

어떻습니까? 그럼, '빨간불이 켜지면 멈춰라'와 같은 수준으로 '헬스장에 왔으니까 다음 예약을 한다'가 규칙으로 정해지고, 의욕을 낼 필요도 없이 행동으로 연결됩니다. 결과적으로 저의 새로운 자기 설정은 이렇게 개선되었습니다.

아침, 점심은 샐러드만 먹고 저녁에는 좋아하는 음식 먹기, 헬스장에 가면 반드시 다음 예약을 하고 주 2회 운동하기.

사람에 따라서는 이조차도 너무 금욕적인 규칙이라고 생각할 수 있지만, '자기 감각에서 판단하여 난이도를 절반으로 줄이기'가 중요합니다. '이 정도라면 충분히 할 수 있을 것 같아!'라고 느껴질 수준까지 허들을 낮추는 것이 중요합니다. 그리고 당연히 '갭 모티베이션'으로 '이 규칙은 반드시 지키고 싶다!'는 의욕을 끌어내기 위해서, 규칙을 실행했을 때의 미래 기억을 제대로 만드는 것도 잊지 말아 주세요.

초일류가 '의욕의 벽'을 돌파하는 방법

자기 설정 수준을 절반으로 낮춘다!

GAP MOTIVATION

자기 설정을 변경하는 방법

기존의 자기 설정

점심 > 늘 가던 식당에서 돈가스 주문

STEP1 설정 변경

칼로리를 제한한다

애매모호

STEP2 구체화

점심은 샐러드만 먹는다

STEP3 절반 수준

점심 > 월, 수, 금(혹은 화, 목, 토)에는 샐러드만 먹는다

새로운 자기 설정

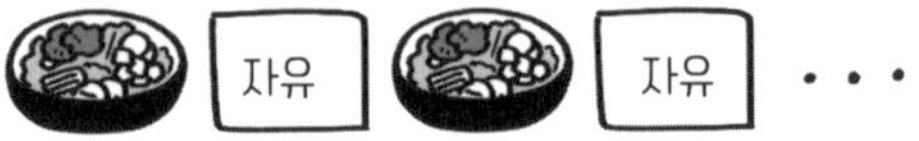

자기 설정 변경 완료!

05

뇌의 '에너지 절약 기능'을 사용하면 인생이 잘 풀린다

'의욕이 넘쳐서 멈추지 않는 상태'를 만드는 방법

앞서 소개한 자기 설정 절차에 따라, '수준을 절반으로 줄인 명확한 규칙'을 반복해서 지키면, 이것이 당신의 '늘 하던 대로', 즉 '자기 설정'이 됩니다. 당신의 새로운 설정은 어떻습니까? 그 설정이 '늘 하던 대로'가 된다면 당신은 어떻게 변하게 될까요? 주위 사람들이 존경의 시선으로 당신을 바라보게 될까요? 새로운 자기 설정은 '자동으로 나를 바꿔주는 자율주행 시스템'이라고 할 수 있습니다. 규칙으로 설정하면 '의욕이 없어도 빨간불이 켜지면 멈춘다'와 마찬가지로 '의욕이 없어도 공부한다'로 자신을 움직여주는 것이죠. 의욕이 있든 없든, 업무나 학업에서 자신이 얻고 싶은 결과?

예를 들면 경제적 자유, 시간적 자유 등 당신이 원하는 모습에 가까워지게 될 것입니다. 그렇게 '전자동'으로 무엇이든 실현할 수 있는 세계로 당신을 모시기 위해서, '새로운 자기 설정을 의식하지 않고 실행할 수 있는 수준'인 최강의 상태에 도달하는 법을 알려드리고자 합니다. 그럼 어떻게 하면 '새로운 자기 설정'을 '의식하지 않고' 할 수 있게 될까요? 답은 아주 간단합니다. 앞서 소개한 순서대로, 단지 '새로운 자기 설정'의 명확한 규칙만 반복하면 됩니다. 빨간불 앞에서 항상 멈추듯이, 우리 뇌는 '반복'을 통해 자동으로 규칙이 뇌에 정착되는 것입니다.

예를 들어, 이런 일을 경험한 적이 있으신가요? '나도 모르게, 늘 곁에 있는 사람의 말투를 따라 한 적이 있다.' 자, 왜 이러한 현상이 발생하는 것일까요? 그 이유는, 함께 있는 사람의 말을 여러 번 반복해서 듣기 때문에 자연스럽게 뇌에 기억으로 자리 잡았기 때문입니다. 그리고 할 말을 선택할 때, 나도 모르는 사이에 반복되어 정착된 기억에서 고르게 됩니다. 이렇듯 '반복'하면 할수록 뇌는 이 장면에서 이 말을 선택하는 것이 '늘 하던 대로'로 인식됩니다. 118페이지에서 설명한 바와 같이, 뇌는 에너지를 절약하고 싶기 때문에 점차 '늘 하던 대로'

그 말을 사용하게 되는 것입니다. 그런데, 당신은 지금 이런 생각을 하고 있을 수도 있겠네요. '뭔가, 새로운 자기 설정을 반복한다는 것 자체에도 의욕이 필요하다', 혹은 '왠지 힘들 것 같다'라고 말이죠. 제 추측일 뿐이지만요. 제 추측이 맞다 해도, 안심하세요. 여기까지 읽었다면, 이미 당신이 그 대응책을 알고 있을 테니까요. 맞아요, '미래 기억'이 그 대응책입니다. 54페이지를 다시 참고하여, '미래 기억'의 힘으로 새로운 자기 설정이 정착된 자신의 이미지를 만들어 보세요. 당신의 새로운 자기 설정이 정착되면, 어떤 사람으로 변하게 될까요? 주변 사람들의 반응은 어떻게 바뀔까요? '어떤 느낌…'이 아니라, 어떤 좋은 일이 생길까요? 갭 모티베이션으로 새로운 자기 설정을 정착시켜 주세요. 덧붙여서, 일반적으로 새로운 자기 설정은 21일 안에 정착한다고 알려져 있습니다.

초일류가 '의욕의 벽'을 돌파하는 방법

미래 기억의 힘으로
새로운 자기 설정을 반복하고
정착시킨다!

GAP MOTIVATION

06

'자기 설정 변경'으로 만만치 않은 자신을 공략한다

완벽주의를 자기 설정으로 변경한 사장님 이야기

"자기 설정'을 변경하면 정말 자신을 바꿀 수 있을까?" "자기 설정의 허들을 낮춘다는 말은 도대체 어떤 의미일까?" 이 의문을 한 방에 해결할 수 있는 실제 사례를 소개해 드릴게요.

측량 회사를 경영하는 B 씨의 이야기입니다. B 씨는 앞서 제시했던 자기 설정에 관한 17개의 질문에 대한 답을 적으면서, 자기 설정에 '완벽주의'가 있음을 깨닫게 되었습니다. 그리고 자신뿐만 아니라 직원 및 다른 사람에게도 완벽함을 추구하도록 설정되어 있었습니다. 게다가 이 '완벽 추구' 설정에 따라 자신과 직원 모두 '무슨 일이 있어도 반드시 일을 끝내야 한다'는 설정이 파생되고 있음을 B 씨는 깨달았습니다.

정말 금욕적인 설정이죠! 언뜻 보면, '일을 잘하는 사람!'의 자기 설정처럼 느껴지죠. 하지만 B 씨의 이상형은 '자신과 직원 모두 매일 성취감을 느끼며 기분 좋게 일하는 것'이었습니다. 그래서 B씨는 일은 순조롭게 진행되고 있음에도, 매일 기대했던 성취감과 행복감을 느끼지 못한 상황을 개선하기 위해 제 심리학 강좌를 수강하게 되었습니다. 먼저 경영인 B씨는 완벽주의에서 파생된, '주어진 일은 어떻게 해서든 반드시 끝내야 한다'는 자기 설정이 이상형과 배치되고 있음을 인식하게 되었습니다. 그래서 우선 그 부분에서 자기 허들을 낮추고 새로운 설정으로 바꾸기로 했습니다. 자신도 숨이 막히는 완벽주의를 직원에게도 요구하면 당연히 지쳐버리게 되기 때문이죠. 그래서 B 씨는 이상형에 가깝게 허들을 낮춘 자기 설정으로 변경하였습니다. 다음과 같습니다.

- 기존 설정 '무슨 일이 있어도 반드시 일을 끝내야 한다'
- 새로운 설정 '무리하지 않는 선에서 일을 끝내면 된다'

B 씨 입장에서는 180도 달라진 획기적인 자기 설정이 새롭게 탄생한 것이지요! 자, 이 새로운 설정으로 B 씨와 직원들에

게는 어떤 변화가 일어났을까요? '결국 새로운 설정을 지키지 못하고, 직원에게 여전히 엄격했다…'는 절대 아닙니다!

자기 설정을 바꾸니, 직원들의 신뢰가 엄청나게 높아졌다

B 씨가 강좌를 수강하던 중에, 측량 업무 현장에서 이런 일이 있었다고 합니다. 그날 측량 작업 현장의 날씨가 공교롭게도 눈을 동반한 폭우와 돌풍으로 얼어붙을 것 같은 추위였다고 합니다. 작업이 막바지에 이르렀을 즘에는 날씨가 점점 더 험악해지고 있었습니다. B 씨와 함께 작업하던 직원들은 한눈에 확연히 보일 정도로 오들오들 떨고 있었습니다. 직원들의 체력이 한계에 달한 것이 분명한 상황이었습니다. 예전의 B 씨였다면 '무슨 일이 있어도 반드시 일을 끝내야 한다'는 설정에 따라, 날씨가 어떻든 간에 무리를 해서라도 반드시 끝까지 해 낸다는 입장이었겠지요. 그러나 그날은 '무리하지 않는 선에서 일을 끝내면 된다'로 자기 설정을 변경한 다음이었기 때문에, 떨고 있는 직원들에게 다가가서, "그래, 일단 차 안에서 몸을 따뜻하

게 녹인 후에, 다시 하자."라고 상냥하게 말했다고 합니다.

지금까지의 '무슨 일이 있어도 반드시 일을 끝내야 한다'는 완벽주의자 B 씨에게 있어서는 상상도 할 수 없는 한 마디에, 추위에 떨고 있던 직원들은 무심코 "어? 정말요? 지금 바로 안 끝내도 된다고요? 저기…, 사장님, 왜 그러세요?"라고 되묻을 정도로 놀랐다고 합니다.

직원들의 질문에 대해, 새롭게 설정된 B 씨는 새로운 자기 설정에 따라 "괜찮아, 감기에 걸리면 큰일이니까, 일단 좀 쉬자."라고 대답하고 직원들을 차에 태웠다고 합니다. 정말 놀라운 변화라고 할 수 있죠!

차 안에서 몸을 녹이며 휴식을 취하고 나니, 이후의 작업 효율이 높아졌고 결과적으로 일도 빨리 끝났습니다. 더 훌륭한 것은 그 어느 때보다 직원들과의 신뢰 관계가 좋아졌음을 느끼게 되었다고 합니다.

'자기 설정 하나를 바꾸고 그 설정대로 실행한다' 그 결과, 자신이 이상으로 그리던 상태에 접근할 수 있었던 아주 좋은 사례라고 생각합니다. 게다가 '설정을 바꾸는 것만으로도 자신을 바꿀 수 있다'는 사실을 우리에게 알려주기까지 했으니 말이죠. B 씨는 정말 멋진 사람입니다. 새로운 자기 설정으로 더 멋진 사람이 되었습니다. 자, 당신은 어떤 설정을 먼저 바꾸시겠습니까?

초일류가 '의욕의 벽'을 돌파하는 방법

자기 설정을 바꾸면 신뢰 관계도 더욱 강해진다!

GAP MOTIVATION

07

비즈니스맨에게 최강의 무기는 루틴이다

이치로 선수도 깨닫고 있던 루틴의 힘

'루틴'이라는 말을 들어본 적이 있으시죠? 최근 유튜브 영상 중 조회 수가 높은 주제이기도 해서 아마도 보신 분들이 많을 것입니다. 스포츠를 좋아하는 사람이라면, 전 메이저리그 선수였던 이치로가 시애틀 매리너스 소속일 때, 경기 전에는 항상 카레를 먹었다거나 타석에 들어서기 전에 취하는 일련의 동작이 항상 같다는 것을 계기로 '루틴'이라는 말을 알게 된 사람도 있을 것입니다.

자, 여기서 중요한 질문입니다. "당신은 어떤 루틴을 가지고 있습니까?" 이 질문을 바꾸어 물으면, 다음과 같습니다. "당신의 루틴에 대해서 '인식'하고 있습니까?" "그 루틴은 당신이 이루고 싶은 일과 연결되어 있습니까?" 왜냐하면 '루틴'이야말로 최강의 '늘 하던 대로'이기 때문입니다.

인생을 바꾸는 5단계 루틴 만들기

118페이지에서 배운 내용을 상기해 볼까요? 우리 '뇌'는 '늘 하던 대로'를 선호합니다. '우리 뇌'는 의욕과 상관없이 '늘 하던 대로'를 선택하고 '늘 하던 대로' 몸을 움직입니다. 왜냐하면 뇌는 에너지를 절약하고 싶기 때문입니다. 네, 그렇습니다! 새로운 일에 에너지를 낭비하고 싶지 않기 때문이죠. 그럼, '늘 하던 대로'의 지속적인 흐름인 루틴이 모두 당신의 목표와 실현하고 싶은 일로 이어진다면 어떨까요? 의욕을 내지 않아도, 매일 같은 일을 반복하기만 해도 꿈이 실현되어 버립니다. 하루하루를 그저 보내는 것만으로, 되고 싶은 자신이 되어 버리고 목표도 달성해 버립니다. 이건 엄밀히 말해서, 완전히 반칙 기술과 다름없죠. 그런 꿈같은 상태로 당신을 이끌어 줄 루틴은 단지, 다섯 단계로 완성됩니다.

① 자신이 이루고 싶은 목표, 되고 싶은 모습을 명확히 한다.
② ①에 가까워지기 위해서는 어떤 루틴이 필요한지 정한다.
③ ②에서 정한 루틴을 반복한다.
④ 루틴으로 정착되면, 이후에는 '빨간불 앞에서는 멈춘다' 정도로 아무 생각 없이 매일 실행하게 된다.
⑤ 목표가 실현된다.

무서울 정도로 간단한 이 흐름을 이제, 당신이 '실행'만 하면 됩니다. "뭐? 이게 다야?"라고 생각하는 사람이 대부분일 텐데, 중요한 포인트는 대부분이 '루틴을 의식해서 만들어 본 적이 없다'는 데 있습니다.

예를 들어, 당신이 직장에 도착한 후 수행하는 동작을 순서대로 떠올려 봅시다.

자신의 목표와 실현하고 싶은 미래 기억을 만들고, 거기에 다가가기 위해 필요한 동작 하나하나를 작업 순서로 정한 것일까요? 왠지 늘 그래 왔다는 식으로 정착되어 있지 않습니까? 지금까지 이어온 루틴은 자신의 의도와 상관없이 무의식적으로 완성된 것입니다. 따라서 앞서 5단계에 따라 '생각하고' 만드는 것만으로, 엄청난 효과가 발생합니다. 지금까지의 루틴은 왠지 모르게 완성되었던 것이니까요.

남에게 알리고 싶어지는 놀라운 '루틴'의 위력

이해를 돕기 위해 예를 들어 볼게요. '사람들 앞에서 발표하는 것이 힘들다' '상사에게 보고할 때, 긴장해서 말을 조리 있게 못 한다' 이런 고민을 하는 사람이 있었다고 가정해 봅시다.

그런 사람을 변화시키는 루틴을 만드는 방법부터 정착하기까지의 흐름은 이렇습니다.

① 자신이 이루고 싶은 목표, 되고 싶은 모습을 명확히 한다.

- 사람들 앞에서 긴장하지 않고 말할 수 있게 된다.
  처음부터 '전혀 긴장하지 않고 말할 수 있다'를 목표로 하는 것이 아니라, 허들을 낮추고 달성할 수 있는 작은 목표를 설정합니다.
- 회사에 출근했을 때, '내가 먼저 사람들에게 인사한다'를 첫 번째 작은 목표로 설정합니다.

② ①을 실현하기 위해서는 어떤 루틴이 있어야 ①에 접근할

수 있는지를 정한다.

> 1 아침에 일어난다
> 2 샤워한다
> 3 샤워 후, 무선 이어폰을 한쪽 귀에 꽂는다.
> 4 YouTube에서 활기차게 인사하는 사람의 동영상을 재생한다(인사하는 자신의 이미지를 연습한다).
> 5 출퇴근 길에 종종 마주치는 직장 동료의 SNS를 보며 얼굴을 상기한다(아침에 만났을 때의 긴장을 풀기 위해서).
> 6 '직장에 출근하면 동료에게 내가 먼저 인사를 건넨다'는 규칙에 따라 행동한다.

③ ②에서 정한 루틴을 반복한다.

루틴을 반복하는 의욕은 당연히 미래 기억을 활용하는 갭 모티베이션을 사용한다.

④ 루틴이 정착되면 매일 저절로 실행하게 된다.

루틴으로 정착되면서 아는 사람을 만나면 반사적으로 인사를 건네게 되고, 점차 처음 만나는 사람에게도 먼저 인사하게 된다.

⑤ 목표가 실현된다.

결과적으로 사람들 앞에서 발표할 때도 긴장하지 않게 된다.

이렇게 일상에서 업무 시작 전 루틴으로 '내가 먼저 인사한다'를 포함하기만 해도, '되고 싶은 나의 모습'에 가까워지게 됩니다. 단, 한 가지 주의사항이 있습니다. 루틴을 너무 많이 만들지 않는 것입니다. 루틴이 정착되지 않으면 '지금 무엇을 해야 하지?'라며 알 수 없는 상태가 되어 버립니다. 루틴의 핵심은 매일 반복하는 데 있기 때문에 우선은 한 가지 루틴만 정하고, 그 하나가 정착될 때까지 반복하는 것이 인생을 바꾸는 지름길입니다.

초일류가 '의욕의 벽'을 돌파하는 방법

루틴은 한 번에 한 개씩, 순차적으로 정착시킨다.

GAP MOTIVATION

08

평범한 회사원이 루틴으로 인생을 바꾸다

자신감이 부족한 사람을 변화시킨 루틴의 실제 사례

루틴을 최강의 무기로 삼고 누구보다 빠르게 인생을 바꿀 수 있도록, 루틴과 동맹을 맺고 인생을 변화시킨 C 씨의 사례를 소개해 드리겠습니다.

C 씨는 30대 남성 회사원이었습니다. 자신감이 부족한 자신을 바꿔보겠다는 결심을 하고, 제 심리학 강좌를 수강했습니다. 그런데 말입니다! 강좌를 수강하는 과정에서 신기하게도 자신감이 생겼고, '회사 급여 외 수익을 창출한다'는 꿈을 실현하기에 이르렀습니다. 가장 큰 요인 중 하나는 C 씨의 루틴이었습니다.

앞서 소개한 '인생을 바꾸는 루틴을 만드는 방법, 5 STEP'에 따라 C 씨도 인생을 바꾼 루틴을 완성했습니다. 지금부터 C 씨의 루틴 방법을 소개해 보겠습니다.

① 자신이 이루고 싶은 목표, 되고 싶은 모습을 명확히 한다.
C 씨의 목표는 자신감을 갖는 것이었지요. 또 하나, 회사 급여에만 의존하는 것이 불안했기 때문에, '회사 급여 외 수익 창출'을 목표로 가지고 있었습니다.

② ①을 실현하기 위해서는 어떤 루틴이 있어야 ①에 접근할 수 있는지를 정한다.
일단 자신감을 키우기 위해서 C 씨가 설정한 루틴은 다음과 같습니다.

1 아침에 일어나면, 제일 먼저 제가 진행하는 심리학 강좌를 틀어놓고 출근 준비를 한다.
2 출근길에 무선 이어폰으로 심리학 강좌를 계속 청취한다.
3 직장에 출근하면 '오늘 할 수 있는' 일을 적는다.
4 업무를 완료할 때마다 '잘했어!'라고 말하고, 적어둔 작업 목록을 하나씩 지운다.

아침에 눈을 뜨자마자 심리학 강좌 오디오를 켜서 긍정적인 기분을 설정한다. 그에 더해 진짜 핵심은 직장에 출근하자마자 '오늘 할 수 있는 일을 적는다'는 부분입니다. "그건 나도 이미 하고 있어!"라고 말하는 사람도 있겠지만, C 씨가 적은 것은 ToDo 리스트가 아닙니다! 비결이 숨겨져 있어요.

C 씨가 적은 업무 목록은 '오늘 할 수 있는 일', 이 부분이 핵심입니다.

'오늘 할 수 있는 일'이란?

- 거래처 X 업체에 전화한다.
- 총무부 Y 씨에게 메일을 보낸다.
- 업무 관련 메일을 확인한다.
- Z 사에서 보낸 견적서를 체크한다.
- 프레젠테이션 자료를 표지부터 3페이지까지 만든다.

이런 식으로, '오늘 반드시 할 수 있는 일'을 최대한 작은 단위로 적는 것이지요. 그리고 거래처 X 사와의 전화 통화를 완료하자마자, 업무 목록에서 줄을 그어 지우고 '거래처 X사에 전화했다! 잘했어!'라고 말하는 것입니다.

이것이 핵심입니다. 물론, 소리 내어 말할 수 있는지는 주변 환경을 보고 판단해주세요(웃음거리가 되지 않도록 주의!). 소리 내어 자신을 칭찬하면, 심리학에서 말하는 자기효력감, 즉 자기 능력에 대한 자신감을 높이는 효과가 있습니다. 이를 반복하면 '해냈다! 해냈다! 해냈다!'가 쌓이고, 그 결과 자신감이 탄생하는 것입니다. C씨는 이 노하우를 제 심리학 강좌에서 배우고 실천했습니다. 그리고 한 달여가 지난 무렵부터 C씨에게 변화가 일어납니다. 다른 사람의 시선에 덜 신경 쓰게 되었고, 자신감이 생겼음을 자신도 실감할 수 있었습니다.

회사 급여 외 수익원 구축(실화)

이후 다섯 번째, 여섯 번째 루틴을 설정했기 때문입니다.

5 퇴근길에 투자 공부 관련 오디오를 청취한다.
6 집에 도착해서도 한쪽 귀에 무선 이어폰을 꽂고 1시간 동안 투자 공부를 이어간다.

그 결과 C씨의 또 다른 목표였던 '회사 급여 외 수익을 창출한다'는 목표도 실현할 수 있었습니다.

3개월의 심리학 강좌 과정을 수료한 후에도, C 씨는 이 루틴은 이어갔습니다. 얼마 지나지 않아, 투자 수익이 곧 월급을 따라잡을 것 같다며 기쁜 소식을 전해 주었습니다. 자, 당신은 어떤 루틴을 정착시키고 싶으신가요? 물론 아시다시피 루틴을 설정하기 전에, '나는 어떻게 되고 싶은가?'를 명확히 해야 합니다.

그렇지 않으면 루틴이 정착될 수 없습니다. "루틴을 만들고 나니, 그동안의 고생이 거짓말처럼 잊히고 인생이 잘 풀리기 시작했어요!"라는 소식이 당신으로부터 전해오기를 고대합니다!

초일류가 '의욕의 벽'을 돌파하는 방법

루틴을 바꾸면 인생이 바뀐다!

GAP MOTIVATION

Before (루틴 없음)

After(루틴 있음)

4장

자신을 바꾸는 세상에서 가장 쉬운 방법

GAP MOTIVATION

365일 지속되는 '의욕'을 키우는 7가지 테크닉

모처럼 '의욕에 의지하지 않고' 행동할 수 있게 되었는데, 어느 날 갑자기 '왠지, 의욕이 사라졌어…'라는 느낌이 들면 정말 아깝지요. 모처럼 갭 모티베이션으로 '의욕'을 컨트롤할 수 있었는데, 의욕이 사라져 버리면 지금까지 해 온 일들이 엉망이 되고 물거품처럼 사라지는 기분이 듭니다. 여기서 행동이 멈추면 인생도 변하지 않습니다. 다시, 예전의 삶을 반복하게 되는 것이지요. 그런 상황을 방지하기 위해서, 1년 365일 갭 모티베이션이 지속되는 7가지 테크닉을 알려드리겠습니다.

01

의욕을 파괴하는 '지뢰'의 정체

한순간에 당신을 좌절하게 만드는 '의욕의 지뢰'

'잘되기를 바라는 마음에 했는데, 상대방이 설치한 지뢰를 밟고 말았다' 이런 경험이 있지 않나요? 혹은, 가까운 지인 중에 '항상 지뢰를 밟는' 사람이 있을 수도 있습니다. 사실, '의욕이 솟을 것 같다'고 생각한 일이 반대로 '의욕을 날리는 지뢰'를 밟게 하는 비극적 패턴이 있습니다. 그런 '의욕의 지뢰'는 갭 모티베이션에서 빼놓을 수 없는, '목표 설정' 속에 숨어 있습니다. 목표 설정 속에 숨어 있는 의욕의 지뢰란, '물질주의적인 성과를 목표로 한다'는 것입니다. 이것을 목표로 하면 의욕이 '뚝!' 하고 끊어져 버립니다. 물질주의란 화폐, 혹은 무언가를 소유하거나 점유하는 등 경제적인 것을 의미합니다. '뭐라고?' '그게 가장 떠올리기 쉽고 본질적인 목표 아니야?'라고 생각할 수도 있지만, 아닙니다. 물질주의적인 성과를 목표나 꿈, 이루고 싶은 소망으로 설정했다면, 당신은 지금 지뢰를 밟고 있습니다. 혹시 다치지는 않으셨나요? 괜찮으신가요? 왜 물질주의적인 성과 목표가 의욕의 지뢰일까요? 과학적으로도 증명되었습니다. 경제적인 성과만을 목표로 설정하면, 마음이 다치기 쉬워서 도중에 행동을 멈출 위험이 있습니다. 멘탈이 무너지고 의욕은 사라집니다. 당신이 그런 상황에 부닥칠 수도 있습니다!

멘탈이 붕괴되는 지뢰의 파괴력

미국 녹스 대학에서 실시한 연구 결과를 소개하겠습니다. 118~251명의 피험자에게 각자의 미래 목표를 설정하도록 했습니다. 그랬더니 목표를 세우는 방법에서 크게 두 개의 그룹으로 나뉘었습니다.

한 그룹은 '돈이나 물품, 숫자를 목표'로 했습니다. 예를 들어, "이번 달 영업 목표 매출액은 ○○달러다!"처럼 말이죠. 또 다른 그룹은 돈이나 물품, 숫자보다 마음을 더 중요시 했습니다.

예를 들어, "'100명의 고객을 미소 짓게 한다!' 이 목표가 실현되면, '이번 달의 영업 목표 매출액 ○○달러도 달성할 수 있다!"처럼 말이죠. 두 그룹 모두 최종 목표는 영업 매출 수치 달성으로 이어지고 있지만, 첫 번째 그룹은 자신의 물욕이나 명예 등을 충족시키기 위한 목표를 설정하는 방법입니다. 두 번째 그룹은 '타인에게 공헌함으로써 자신의 마음을 충족시키고 목표 수치도 달성하고 싶다'는 차이가 있습니다.

당신은 어떤 그룹의 목표 설정 방법을 하고 있습니까? 연구자들은 6개월 후, 2년 후, 12년 후에 이 두 그룹의 만족감과 행복감이 어떻게 변화했는지를 추적 조사했습니다. 결과 첫 번째 그룹은 목표를 달성 여부에 상관없이 만족감과 행복감이 저하되어 있었습니다. 다시 한번 말씀드릴게요. 만족감과 행복감이 저하되어 있었습니다. '돈과 물품, 숫자를 목표'로 한 그룹은 지뢰가 폭발하면서 의욕을 상실하고 말았습니다.

좌절하지 않는 사람의 목표 설정 방법

반면 '타인에게 도움이 되고 싶은 마음'을 목표로 반영한 그룹에 속한 사람들은, 시간이 지남에 따라 만족감과 행복감이 상승하고 있었습니다.

이 그룹은 목표를 설정하고 실행하기 시작하면, 도중에 의욕이 사라지기는커녕 점점 더 의욕이 높아져서 실천을 이어갈 수 있었던 것입니다. 금전적인 욕망, 물질적인 욕망, '인정받고 싶다!'는 명예욕을 목표로 하면, 그것을 달성하지 못했을 때 좌절하게 됩니다. 왜냐하면 이 목표 설정 방법으로는 '달성했다, 못했다'라는 '0'이나 '100', 이 두 가지 결과밖에 없기 때문입니다. 하지만 앞의 예처럼 '100명의 고객이 미소 짓게 하고 싶다!'는 목표라면, 설령 목표를 달성하지 못해도 '고객 82명은 미소 짓게 했다!'는 공헌에 대한 만족감이 마음에 채워집니다. 이러한 만족감은 비록 목표를 달성하지 못했어도 '또 한 번 열심히 하면 된다!'는 결심으로 이어집니다. 즉, 계속 행동할 수 있는 마음으로 이어지는 것이지요. 단순히 '목표를 달성했느냐, 안 했느냐'에 초점을 맞춘 물질주의적인 목표는 좌절을 부르는 '의욕의 지뢰'가 됩니다.

당신의 목표는 마음을 소중히 하도록 설정되어 있나요? 만약 그렇지 않다면 지금 당장 의욕의 지뢰를 제거할 수 있도록 마음의 목표도 추가해 보세요.

초일류가 '의욕의 벽'을 돌파하는 방법

'타인에게 도움이 되는가?'도
목표에 추가하면, 좌절하지 않는다.

GAP MOTIVATION

돈과 숫자만으로 목표를 설정하면

감정도 목표에 추가하면

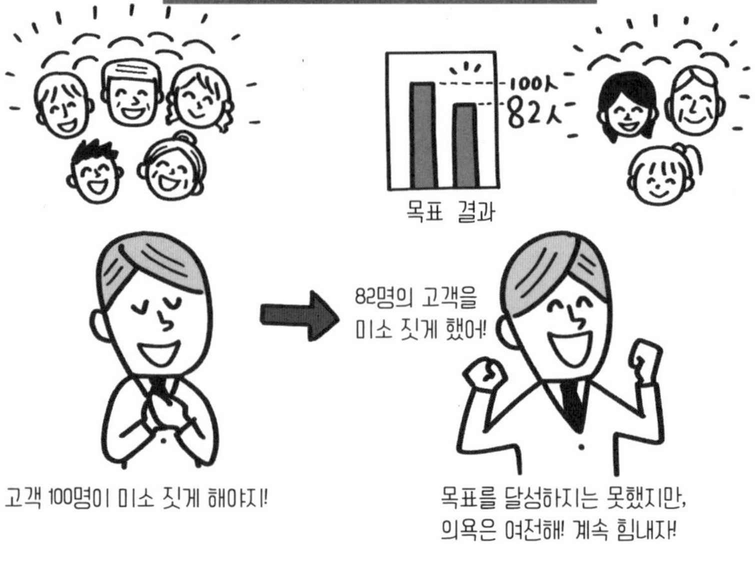

02 초일류가 결과보다 성장을 중요하게 여기는 이유

'결과'보다 더 소중히 여겨야 할 것

"결과가 나올 법한 일이니까 해 보겠다!" "결과가 나오지 않을 일은 하지 않겠다."

'이런 사고방식은 점점 자신을 약하게 만들기 때문에, 도전을 주저하고 행동으로 이어가지 못하게 되어 결과적으로 인생을 망치게 됩니다' 제가 이렇게까지 강하게 말하지는 않았지만, 104페이지에서 부정적인 영향을 미친다고는 강조한 바 있습니다. '의욕의 벽'을 돌파한 사람들은 의욕의 벽을 뚫기 위해 계속 돌진하며, 새롭고 어려운 일에 대한 도전을 이어갑니다. 항상 그렇습니다. 한 가지 목표를 달성했어도, 이에 만족하지 않고 차례차례 도전할 수 있다니 너무 대단하죠. 하지만 도대체 그렇게 '도전할 수 있는 용기'는 어디서 나오는 걸까요? '의욕의 벽'을 돌파한 초일류인이 '결과'보다 더 가치를 두는 것이 따로 있다는 데, 그 비결이 있습니다. '결과'보다 더 중요하게 생각하는 것이지요. 그들이 '결과'보다 중요하다고 생각하는 것이 무엇인지 한번 추측해 보세요. 초일류 사람들이 소중히 여기는 것, 그것은 바로 '성장'입니다.

의욕의 벽을 돌파하고 원하는 대로 행동하는 초일류인, 원하는 대로 자기 인생을 사는 사람들, 그들이 결과보다 성장을 중요하게 생각하는 이유는 무엇일까요? 그렇다고는 해도…….

'내 소망과 욕망에 부합하는 결과를 가능한 한 빨리 얻고 싶다!' 솔직히 이런 생각이 살짝 드는 것은 일단 접어두고, 다시 주제로 돌아가서 '초일류인은 왜 결과보다 성장을 중요시하는가?'에 관해 이야기 해 보겠습니다.

예를 들어 이번 달의 업무 목표(결과)를 달성하지 못했다고 가정해 봅시다. 물론, '왜 달성하지 못했는가?' '어떻게 하면 성취할 수 있을까?'를 숙고하는 것은 중요합니다. 그런데 거기서 그치면, 우리 뇌에는 '달성하지 못했다'는 기억만 저장됩니다. 다음 달에 또 목표를 달성하지 못하면, 다시 달성하지 못한 원인을 분석하고 방법을 고민합니다. 그럼 '나는 목표를 달성하지 못하는 사람이다'라는 부정적인 기억이 반복해서 각인됩니다. 반복되는 사건은 강렬한 기억으로 정착되어 '행동에 옮기고 싶다!'는 감정에 악영향을 미치게 됩니다.

자신을 바꿀 수 있는 사람은 '결과를 무시한다'

자, 여기서 핵심은 성장을 되돌아보는 것입니다. 목표를 달성하지 못하더라도, '지난번보다 나아진 점은 무엇인가?' '이 부분은 어떻게 매출을 늘릴 수 있었을까?' '이번 달에 무엇을 배웠는가?' 이처럼 성장한 영역에 의식적으로 집중함으로써, '목표를 달성하지 못했다'는 기억을 '나는 성장하고 있다!'는 과거 기억으로 바꾸는 것입니다.

'지난달에 영업 매출 목표를 달성하지 못했지만, 이 부분과 저 부분은 저번보다 나아졌어, 확실히 목표에 가까워지고 있어!'라는 기억이 저장되면, 다음 달에는 '이번에는 이런 구상을 해보자!'라며, 다음 행동에 대한 의욕을 일으킬 수 있기 때문에 실행을 멈출 수 없게 됩니다. 의욕의 벽을 돌파한 초일류 사람들은 결과에 상관없이, 자신을 움직이는 성장의 과거 기억을 만드는 데 능숙한 것이지요.

과학적으로 증명! '자책은 멘탈을 약하게 만든다'

결과가 아니라 성장에 초점을 맞추면 의욕이 높아지는 효과에 관해서 과학적으로도 밝혀지고 있습니다. 성장에 초점을 맞추게 되면 나 혼자만의 노력 때문이 아니라 많은 사람의 도움이 있었음을 깨닫게 되고, 감사한 마음을 갖게 됩니다. 여기에 핵심이 있습니다.

미국 캘리포니아대학교 버클리(UCB)에서 실시한 연구에 따르면, 감사하는 사람은 자책하는 사람보다 성장 의욕이 높으며, 좌절할 가능성이 적다고 합니다. 다시 말해, 행동을 계속 이어간다는 것이지요.

'결과'만 보고 '달성하지 못했다', '이 부분이 부족하다'고 자책하다 보면 행동을 지속할 의욕이 점점 사라지는 것이 당연합니다. 미미한 성장이라도 괜찮습니다. 의식적으로 자신이 성장한 부분을 찾고 실감해 보세요. 그리고 그 성장에 함께해 준 사람들에게 감사합시다. 이러한 순환은 좌절하지 않는 마음을 연마하는 것과 같습니다. 오늘부터 결과와 관계없이, 자신이 성장한 부분을 찾아낼 수 있는 달인이 되어봅시다. 그렇게 해 나가다 보면, 좌절하지 않고 언제든지 행동할 수 있는 마음이 만들어집니다.

초일류가 '의욕의 벽'을 돌파하는 방법

결과에 상관없이,
자신이 성장한 부분을 찾는다!

GAP MOTIVATION

자책하기 X NG

결과에만 주목하기 X NG

성장을 돌아본다 OK!

03

매출 100배 성장의 신화

꿈을 이루는 사람은 '결과를 무시한다'

저는 지금까지 15,000명 이상의 사람들과 강연회 및 스터디를 통해 만나왔습니다. 그리고 623여 명의 기업가를 컨설팅했습니다. 그 과정에서 제가 가장 중요하게 다루는 주제가 앞서 소개한 '결과보다 성장에 초점을 맞춘다'입니다. 이를 제대로 실천하여, 매출 100배의 신화를 달성한 사람이 있었습니다.

올림픽 경기 개최지의 공식 인스타그램 계정을 운영하며, 국토교통성, 도쿄도 등에서 웹 브랜딩 강연을 하는 D 씨의 이야기를 소개해 보겠습니다. D 씨가 경영하는 회사의 매출은 100배 이상 증가했습니다. 결과보다 성장에 초점을 맞추면, 인생을 바꾸는 힘이 그만큼 강력하다는 실제 사례입니다.

100배 달성이라니 정말 대단하죠……. 지금은 결과적으로 대단한 실적을 내고 있는 D 씨지만, 제게 컨설팅을 의뢰했을 당시에는 창업 초기로 월 매출이 몇 백만 원 정도였습니다. D 씨는 개인에게 웹 브랜딩을 가르치는 학원 사업을 하고 있었는데, 그 시작 단계에서 제가 한 일은 바로, 앞서 말한 '결과보다 성장에 초점을 맞춘 조언을 한다'는 것이었습니다. D 씨의 창업 초기 이야기입니다. D 씨의 학원은 수강 신청자와 1:1로 친절하고 상세하게 사전 상담을 진행한 후에, 강좌를 등록하는 시스템으로 운영되고 있었습니다. 하지만 초기에는 상담 후, 그 자리에서 수강 신청까지 이어가는 사람이 생각만큼 늘지 않았어요. 그런데 불과 3주 만에 달라졌습니다. 1:1 상담 후에 바로 수강 신청을 결정한 사람들이 갑자기 늘어나게 되었습니다.

사실 컨설팅하던 저도 깜짝 놀랐던 기억이 지금도 생생합니다. 그때 제가 D씨에게 해 준 조언은 '결과가 아니라 성장에 초점을 맞춘다'였습니다. 당시 저는 D 씨와 함께, 과거에 진행했던 1:1 사전 상담 기록을 하나씩 면밀하게 검토했습니다. "이 사람과의 상담을 통해 할 수 있게 된 부분은 무엇입니까?" "이 사람과의 상담을 통해 알게 된 점은 무엇입니까? " "이 사람과의 상담을 통해 무엇을 배웠습니까?" "이 사람과의 상담을 통해 배운 것을 다음에는 어떻게 활용할 수 있을 것 같습니까?" 등등 때로는 D 씨가 진행한 50여 명에 달하는 상담 기록을 몇 시간이고 며칠이고, 한 건 한 건 세밀한 부분까지 함께 검토했습니다.

제가 한 컨설팅은 다음과 같습니다.

- 상담 받은 사람 중에 몇 사람이 수강 신청을 했다는 결과를 포함한 전체 상담 내용
- 상담 과정에서 D 씨 본인이 할 수 있었던 일
- 상담 과정에서 D 씨 본인이 배우고 성장한 부분
- 상담 과정에서 배운 부분을 D 씨 본인의 성장을 위해 어떻게 활용할 수 있을까?

무조건 '성장'에만 초점을 맞춘 검토였습니다. "왜 이 사람은 수강 신청까지 이어지지 않았을까요? 그 이유를 말해 보세요." 와 같은 시대착오적인 비판은 절대 하지 않았습니다. (그런 비판은 전혀 효과가 없다는 사실을 당신도 이제 잘 아시지요?) 성장한 부분, 앞으로 성장할 수 있는 요소만 찾는 컨설팅을 D 씨와 진행했습니다.

인생의 함정은 '결과 사고'에 있다

부하 직원이 영업 목표를 달성하지 못했을 경우, 상사는 흔히 결과만 보고 꾸짖는 경우가 많지만, 과학적으로 효과가 없습니다. 앞서 말했듯이, 뛰어난 성과를 내는 초일류인은 결과를 무시하고, 성장에만 초점을 둡니다. D 씨의 경우에도 결과에 일희일비하지 않고 설령 자신이 바라던 결과가 아니더라도, 그 결과를 통해 성장할 수 있는 부분이 있는지에 계속 초점을 맞췄습니다. 그래서 놀라울 정도로 단시간에 회사 매출이 100배나 증가했고, 정부로부터의 의뢰도 받게 된 것이지요. 솔직하게 말해서, D 씨는 제가 컨설팅한 623명의 기업가 중에서 '결과를 떠나 이 부분은 내가 할 수 있게 되었다, 더 나아가 내가 성장할 수 있는 일은 무엇일까?'라는 성장 사고를 지닌 눈에 띄는 사람 중 한 명이었습니다. 그래서 결과도 따라오게 된 것이죠.

이 사례를 통해, 만약 당신이 영업 관련 종사자라면, "영업 실적이 목표에 미치지 못한 것은 이 부분에 문제가 있었기 때문이다."라고 자책하지 마십시오. "○○사와 ㅁㅁ사와는 계약을 체결할 수 있었다, 이 부분은 성장하고 있구나! 다음에도 활용하자!"라며, 성장 포인트에 초점을 맞추십시오. 만약 당신이 자녀를 키우고 있다면, "아이에게 짜증 내지 않겠다고 결심했는데, 화가 난 나머지 고함을 질러버렸다."라고 자책하지 마십시오. 고함을 질렀더라도 그 후에 "내가 고함을 질렀다는 사실을 확실히 깨닫고 있다."라며, 이전보다 조금이라도 성장한 부분을 찾아내십시오. 계속 강조하다시피, 자책은 절대 안 됩니다! '결과를 무시하고 성장에 초점을 맞춘다'는 그런 것입니다. 자책을 멈추면, D 씨처럼 매출 100배의 신화를 달성하게 될 수도 있으니까요! '인생을 바꾸고 싶다면, 결과를 무시하고 성장 포인트를 찾는다!' 이것이 절대 법칙입니다!

초일류가 '의욕의 벽'을 돌파하는 방법

결과를 무시하고, 성장 포인트 찾기의 천재가 된다!

GAP MOTIVATION

04

'잠을 안 자고 노력했다'는 무용담에 속지 마라

모두가 놓치고 있는 '의욕'의 함정

'나도 회사 매출 100배 달성하고 싶다' 그 욕망에 끌리더라도 당신을 위해 다음 주제로 넘어갑시다.

우리의 행동을 통제하는 '뇌'에서는 다양한 욕구가 끊임없이 일어납니다. 거기에 한 가지 문제가 있습니다.

다음 중 당신의 뇌는 어떤 욕구를 우선시할까요?

- 돈을 원한다.
- 좋아하는 사람을 만나고 싶다.
- 칭찬받고 싶다.
- 출세하고 싶다.

- 여행 가고 싶다.
- 회사 매출을 100배로 늘리고 싶다(끝까지 집요하시네요).

답을 골랐나요? 이제 그 답을 기억해 두고, 다음 질문에 대한 답을 생각해 보세요.

다음 중 당신의 뇌는 어떤 욕구를 우선시한다고 생각합니까?

- 돈을 원한다.
- 좋아하는 사람을 만나고 싶다.
- 칭찬받고 싶다.
- 출세하고 싶다.
- 여행 가고 싶다.
- (숨을 참고 있는 상황) 숨 쉬고 싶다.

자, 질문의 답은 무엇일까요? 답은 말할 것도 없고 '숨 쉬고 싶다'겠죠. 첫 번째 질문에서는 뭐가 답일지 고민했는데, 두 번째 질문에서는 선택지에 새로 들어온 '숨 쉬고 싶다'를 보자마자 누구라도 바로 '숨 쉬는 것을 우선시하지!'라고 생각했을 것입니다. 사실, 이것이 의욕을 상실하지 않는 대단한 힌트입니다. 의욕을 상실하지 않는 힌트를 당신 인생에서 꿈과 목표를 계속 성취하기 위한 힌트라고 바꾸어 말할 수 있습니다.

'뇌를 안심시킨다'가 최소한의 절대 조건

자, 앞의 질문에서 왜 '숨 쉬고 싶다'가 최우선이었을까요? 물론 숨을 쉬지 않으면 죽어 버리기 때문이죠. 하지만 조금 더 구체적으로 메커니즘을 밝혀 봅시다. 이 메커니즘을 밝혀내면, 당신의 의욕 저하 현상을 확실히 이해하는 데 도움이 됩니다.

먼저 우리가 알아야 할 것은, 인간의 뇌는 우선순위가 정해져 있다고 합니다. 그렇습니다. 뇌의 우선순위를 알면, 우리의 의욕을 컨트롤하기 쉬워집니다. 어떤 욕구가 우선순위로 되어 있는지 대략 떠올려 보면, 가장 우선되는 것이 생명 유지와 관련된 욕구일 것입니다. (호흡한다, 심장 박동한다, 체온을 유지한다 등) 그다음은 3대 욕구인 식욕, 수면욕, 성욕일 것입니다. 가장 우선순위가 낮은 것이, 자신의 의지를 사용한 '~하고 싶다'입니다. 앞에 제시한 문제를 예로 들면, '숨 쉬고 싶다' 외의 모든 의욕이 여기에 해당합니다. 여기서 중요한 말을 합니다! 의욕은 생명 유지 욕구 앞에서는 무력합니다. 이것은 무조건입니다. 온갖 방법을 총동원해도 뇌는 '숨을 쉰다'를 우선시합니다. 제가 왜 이야기를 하는 것일까요?

만약, 당신이 아프거나, 춥거나 덥거나, 졸음을 느끼는 등 의지의 힘보다 더 강한 생명 유지 욕구, 쉽게 말해 몸 상태에 문제가 생기면, 당신의 뇌는 여지없이 '돈 벌고 싶으니까, 지금 일하겠다고?' '출세하고 싶으니까, 지금 자격증 공부하겠다고?' '안 돼! 생명 유지가 우선이니까, 컨디션을 조절해!' 이렇게 행동 지시를 내립니다. 아픈데도 불구하고, 억지로 일을 하거나 공부를 하면, 머리가 멍해서 집중이 안 되는 이유는 단순히 컨디션이 나빠서 그런 것뿐만 아니라, 뇌가 공부나 일하지 말고 컨디션 조절에 집중하라는 지시를 내리고 있다는 증거입니다.

다만, 우리는 이제 이 메커니즘을 알았으니, 자유자재로 언제든지 하고 싶은 일에 '뇌'가 전력을 다하게 할 수 있겠죠? 그렇습니다. 우리가 원하는 일에 행동력을 발휘하기 위해서는 항상 완벽한 컨디션을 만들어야 합니다. 컨디션 상태가 완벽하지 못하면, 뇌는 바로 '의욕 같은 소리 하지 말고, 먼저 몸부터 챙겨!'라고 집중력을 떨어뜨립니다. 그래서 '왠지 퍼포먼스를 발휘할 수가 없네'라는 느낌이 들면, '내 몸 상태에 이상이 있는 것은 아닌지 확인하는 것이 해결책'입니다. 과감히 쉬면서 마사지 등으로 신체를 유지 보수하는 것도, '의욕의 벽'을 돌파하는 중요한 요소인 것이지요.

'뇌 욕구의 우선순위를 알고 자신이 하고 싶은 일에 뇌를 집중할 수 있는 환경을 조성한다' 이것이 초일류의 영역에 들어가는 방법입니다.

초일류가 '의욕의 벽'을 돌파하는 방법

당신이 신체 컨디션을 조절하지 않으면,
'뇌'도 당신의 아군이 되어주지 않는다.

GAP MOTIVATION

05

존재 자체를 지워야 하는 무서운 적

인생을 구렁텅이로 밀어내는 가장 큰 적의 정체

몸이 아프면 뇌의 우선순위가 바뀌므로, 의욕을 내기 전에 몸 상태를 정돈하는 것이 우선임을 알게 되었습니다. 기억을 돌이켜 보면, 분명히 그런 경험이 있었을 것입니다. 즉, 자기가 하고 싶은 일에 집중하고 싶다면, 먼저 신체 컨디션을 조절해서 우리 뇌에 '몸에는 이상이 없으니 하고 싶은 일에 집중하라'고 인식시켜야 합니다. 하지만 몸이 아픈 것보다 더 무서운 것이 있습니다. 진짜 무서운 문제입니다. 왜 무서운지 바로 알 수 있어요. 설명하는 저도 두렵습니다. 더 무서운 것의 정체는, 바로 '심리적 스트레스'입니다.

신체 컨디션 문제보다 심리적 스트레스가 더 무서운 이유는 무엇일까요? '익숙함'과 관련 있기 때문입니다. 예를 들어 설명해 볼게요. 신체 컨디션 문제로 '만성 어깨 결림'이 있다고 가정해 봅시다. 확실히 신체 건강 문제지만, 오랜 시간 아픈 채로 지내다 보니 아픔에 익숙해집니다. 그래서 어쩔 수 없는 문제라고 치부하고 일을 계속하고 있습니다. 자신을 포함해서 가족이나 지인 중에 '이런 사람이 꼭 있다'는 점은 인정하시죠? 정도에 따라 다르겠지만, 우리는 어느 정도의 신체 통증에 익숙해지는 습성이 있습니다. 그런데 심리적 스트레스에는 이러한 '익숙함'이 없습니다. 그렇기 때문에, 작은 심리적 스트레스라도 가볍게 여기면 변화의 인생을 맞이하기는커녕, 삶이 무너져 버릴 수도 있습니다. 정말 무서운 일로 이어지는 것이지요.

최선을 다해 심리적 스트레스를 해결하라

실제로 주목할 만한 실험이 있습니다.

쥐를 대상으로 한 실험에서 물리적 스트레스(전기)에는 익숙해지고, 스트레스가 계속 반복되면 스트레스 반응이 감소하는 것으로 확인되었습니다. 반면, 심리적 스트레스(공포나 불안)의 경우는 익숙해지기는커녕, 스트레스 반응이 증폭되는 것으로 확인되었습니다.

당신의 인생을 지키기 위해 다시 한번 강조할게요. 심리적 스트레스(공포나 불안)의 경우, 익숙해지기는커녕 스트레스 반응이 증폭되는 것으로 증명된 것입니다. 심리적 스트레스는 작아도 증폭됩니다! 정리하면, 정도에 따라 다르겠지만 신체적 아픔에는 익숙해집니다. 하지만 심리적 스트레스는 처음에는 작아도 익숙해지지 않고 오히려 증폭됩니다. 퍼포먼스에 가장 큰 영향을 주는 것은 '심리적 스트레스'라는 것입니다.

신체적인 부진은 물론이고, 심리적 스트레스를 느끼면, 우선 이를 제거하는 데 시간을 할애해야 합니다. 그것이 당신이 원하는 대로 인생을 살기 위한, 가장 빠른 지름길입니다. 당신이 그렇게만 해 주면, 당신의 뇌는 당신이 원하는 일에 집중해 줍니다.

저는 창업 컨설팅 의뢰가 들어오면, 그 일을 맡을지 거절할지를 판단하기 위해, 의뢰인에게 항상 이런 질문을 합니다. "본인이 창업하는 것에 대해서 배우자 분은 어떻게 생각합니까?" 이 질문에 대해 "네, 응원해 주고 있습니다."라고 대답한 의뢰인에 한해서만 컨설팅을 맡는다는 것이 제가 세운 규칙입니다.

그 이유는 남편, 아내, 가족 등 주변 사람들의 반대에도 불구하고 창업을 단행하면, '심리적 스트레스를 안고' 시작하는 것이므로 퍼포먼스가 떨어지기 때문입니다.

세상일이 다 그렇다고는 할 수 없지만, 제 경험상 배우자나 가족의 동의와 도움 없이 창업한 사람 중에 성공한 사람은 본 적이 없습니다(위인은 예외입니다). 그만큼 심리적 스트레스는 인간의 삶을 바꾸는 데 영향을 미칩니다. 따라서 심리적 스트레스를 느끼기 전에, 그런 일이 일어나지 않는 환경을 조성해야 합니다.

자신을 대면하는 시간을 만들고 표면화되는 작은 단계에서 '나는 이런 장면에서 심리적 스트레스를 느끼는구나'라고 짐작해 보는 것도 중요합니다.

초일류가 '의욕의 벽'을 돌파하는 방법

무엇보다도 심리적 스트레스 제거를 최우선으로 한다

GAP MOTIVATION

06

초우수해지고 싶으면 긴장감을 잘 활용하라

자신을 응석받이로 만들면 인생이 시시해진다

'과거의 성공 체험이나 미래 체험을 떠올려도 좀처럼 행동으로 옮길 수가 없다' '행동할 수는 있지만, 퍼포먼스를 더 높이고 싶다' 그럴 때는 자신의 응석을 받아주지 말고, 약간 엄하게 대해봅시다. 왜냐하면 그런 상황에서는 당신의 뇌에 '스트레스'를 줄 필요가 있기 때문입니다. 자, 지금부터는 당신에게 엄격한 어조로 이야기 해 보겠습니다. "스트레스를 줄 겁니다." 농담이고요. 안심하고 읽어주세요.

'스트레스'라는 말을 들으면, 반사적으로 나쁜 이미지가 떠오르기 마련이지만, 지금부터 제가 이야기하는 '스트레스'는 퍼포먼스를 높여주는 스트레스입니다. 다른 표현으로 '긴장감'이라고 할 수 있습니다.

신경과학계에서는 '좋은 스트레스 = 긴장감'이 기억 정착률과 학습효과를 높여준다고 알려져 있습니다. 알기 쉬운 예로 '제출 마감일'이 있습니다. 제출 마감 시간이 정해져 있으면, '기한'이 다가옴에 따라. 스트레스가 되어 행동을 재촉하게 됩니다.

개학을 앞둔 마지막 주에 밀린 여름방학 숙제를 경이로운 집중력으로 끝내본 경험이 있는 사람이라면 아마 잘 아실 것입니다. 물론 저도 그중 한 명입니다. 그 개학 직전 마지막 주에는 평소의 나라고 생각할 수 없을 만큼, 능력이 각성한 듯한 느낌은 도대체 뭘까요? 그리고 항상 생각하죠. 방학이 시작했을 때로 돌아가고 싶다고(동감하시죠?). 다만, 기한이라는 스트레스가 능력을 각성해 준다는 것은 확실하게 깨닫게 되지요.

저도 지금까지 15만 부 이상 팔린 베스트셀러를 포함해 모든 책을 쓸 때마다, 집필이 진척되도록 저에게 적당한 스트레스를 주는 장치를 두고 있습니다. 그리고 그 장치를 두는 것과 두지 않는 것에 따라, 퍼포먼스가 크게 달라지는 것을 실감하고 있습니다.

매우 쉽고 빠르게 능력이 각성하여 어떤 상황에서도 사용할 수 있으니, 당신에게도 소개해 드리겠습니다!

이제 내일부터 당신의 능력도 확실히 각성할 것입니다!

죽음의 카운트다운

저에게 적당한 스트레스를 주는 방법은 글쓰기를 앞두고 반드시 컴퓨터 옆에 타이머 '90분'에 맞춘 다음 카운트다운을 시작합니다. 그것은 마치 죽음의 카운트다운처럼 저에게 스트레스를 줍니다. 계속 시간이 줄어드는 타이머가 시야에 있기 때문에 '맙소사, 시간이 점점 줄어들고 있다!' 라며 집필에 집중할 수 있습니다.

자신의 퍼포먼스를 올리기 위해서, 혹은 나 자신에게 동기를 부여하기 위해서 '이 일을 끝내면 좋아하는 만화책을 읽어도 된다' 등의 보상을 설정하는 방법을 취하는 경우도 많지만, 순간적으로 현재 행동을 재촉하고 싶다면, 스트레스를 주는 것이 더 효과적입니다. 왜냐하면 '이 프레젠테이션 자료를 마무리하고 나면 만화를 읽어도 돼'라고 보상을 설정하면 머릿속으로는 가장 좋아하는 만화책을 읽고 있는 미래 기억이 탄생하기 때문입니다. 그러면 점점 만화책을 읽고 싶어지고, 작업 도중에 '잠깐만 볼까….'라며 유혹에 굴복하고, 만화책을 읽는 행동을 하게 됩니다. (어떻게 보면, 이것도 메커니즘의 원리긴 하지만 말이죠…)

퍼포먼스를 올리기 위한 올바른 미래 기억 사용법은, 프레젠테이션을 끝내고 박수갈채!

대형 계약을 따냄으로써 상사와 동료들로부터도 축복받고 있는 자신을 상상하는 것입니다.

보상 설정은 행동을 유혹의 길로 인도하기 때문에, 차라리 '오늘 안에 마무리하지 못하면 친구에게 밥을 사주겠다'라고 문자를 보내고 적당한 스트레스를 주는 편이 퍼포먼스를 올리는 데 더 효과적입니다.

초일류가 '의욕의 벽'을 돌파하는 방법

자신에게 보상보다 '적당한 스트레스'를 준다

GAP MOTIVATION

긴장감이 없다

긴장감이 있다

07 의욕이 솟는 '최대 포상'은 인간관계

혼자일 때 보다 둘일 때 의욕이 두 배로 늘어난다?

약간 충격적인 말을 하자면, 보상이 없으면 의욕이 나지 않는 타입의 사람에게는 미래가 없습니다(조용히 말할게요).

왜냐하면 뭐라도 보상이 있어야, '좋아! 하자!'라며 행동을 일으키는, 즉 어떤 자극을 통해 억지로 내는 의욕(외발적 동기)은 오래가지 못한다는 것이 여러 심리학 연구를 통해 밝혀졌기 때문입니다.

의욕이 오래가지 않으면 행동도 계속되지 않기 때문에, 인생 역시 바뀌지 않습니다. 그러므로 '오래 갈 의욕'을 내야 합니다! 오래가는 의욕의 정체는 앞서 강조했다시피, '현실'과 '기억'의 갭에 의해 생겨나는 것입니다(전문용어로 '예측차분'이라고 합니다). 갭 모티베이션에 의해서 태어난 의욕은, 자기 내면으로부터 솟아오르는 '○○을 하고 싶다'는 감정입니다(이것을 심리학에서는 '내발적 동기'라고 합니다). 심리학적으로는 갭 모티베이션에서 탄생한 '의욕'이, 강력한 타입의 의욕이며 오래 지속된다는 사실이 밝혀졌습니다. 사실상 최강이라 할 수 있는 이 갭 모티베이션의 '의욕'을 보다 쉽게 출력할 방법이 심리학 실험을 통해 밝혀졌습니다.

그 방법은 '인간관계'를 구축하는 것입니다.

인간관계를 정돈하면 의욕이 생긴다

자신이 능력을 발휘하고 싶은 장소를 떠올려 봅시다. 예를 들어, 직장에서의 의욕을 내고 싶다면, 직장 업무에 관련된 사람들, 자격증 시험공부를 하고 싶다면, 자격증 시험공부에 관련된 사람, 혹은 공부를 응원해주는 사람들, 일상의 자신을 바꾸고 싶다면, 매일 만나는 사람들, 그런 사람들과의 '인간관계를 정돈하는 것'입니다. '인간관계를 정돈한다'는 것은 무엇을 의미할까요? 여기서 말하는 '인간관계를 정돈한다'는 것은 그 사람들과 유대감을 형성한다. 상호 배려하는 인간관계를 구축한다. 이것을 의미합니다.

영국의 정신분석학자 존 볼비Edward John Mostyn Bowlby(1907.2.26.~1990.9.2.)의 연구에 따르면, 사람간의 유대, 연결, 배려를 느끼는 것만으로 내발적 동기, 즉 갭 모티베이션에서 비롯되는 의욕이 탄생하기 쉬워진다는 연구 결과가 있기 때문입니다. 예를 들어, 엄마를 의지할 수 있는 존재로 믿고 유대감을 느끼는 아이는 엄마로부터의 애정이 부족하다고 느끼는 아이에 비해 다양한 일에서 스스로 흥미를 느끼고 활발하게 활동한다는 사실이 밝혀졌습니다.

따뜻하고 배려심이 많은 교사의 지도 아래에서 유대감을 구축한 학생들은 일상에서 높은 수준의 내발적 동기, 즉 '○○을 하고 싶다!'는 감정이 내면에서 솟아오른다는 것이 과학적으로 밝혀졌습니다.

'갭 모티베이션으로 의욕을 만들어내는 동시에 유대감을 느낄 수 있는 인간관계를 구축한다' 이것이 이 책에서 소개하는 최고의 환경이라고 할 수 있습니다.

인간관계만 생각해도 인내심이 50% 증가한다

여기까지 읽고, "우리 회사 상사나 동료들하고는 유대감 형성이 전혀 안 돼." 이렇게 말하는 사람도 있겠지요. 물론, 그 의견도 예상하니, 조금 더 읽어 주시기 바랍니다. 포인트가 있습니다.

당신이 의욕을 내고 싶어 하는 장소의 사람들과 반드시 좋은 관계를 맺어야만 인간관계를 정돈할 수 있는 것은 아닙니다. 그러니 괜찮습니다. '나를 지지해 주는 사람이 있다', '나에게 안 좋은 일이 생겼을 때, 푸념을 들어주는 친구가 있다', '나를 걱정해 주는 부모님이 계신다', 이처럼 '나에게는 의지할 수 있는 사람이 있구나'라고 인식하면 됩니다.

어떤 일을 할 때, 인간관계를 생각하는 사람은 그렇지 않은 사람에 비해서 인내심이 50%나 증가한다는 사실이 스탠퍼드 대학교의 연구 결과로 밝혀졌기 때문입니다. 인내심이 50%나 증가합니다! 인내심이 커진다는 것은 행동을 지속할 수 있다는 의미입니다. 게다가 인간관계를 생각만 해도 된다니 정말 놀랍죠. 하긴, 우리가 일이 힘들 때 자식의 얼굴을 떠올리거나, 시험 공부를 할 때 부모님을 생각하면 '그래, 좀 더 열심히 해 보자!'라며 힘이 생기기도 하잖아요? 미국 드라마나 영화에 등장하는 사무실 장면에서 책상 위에 가족사진이 항상 올려져 있는 것을 보면, 틀린 말은 아닌 것 같습니다. 별로 마음이 내키지 않을 때는 가족이나 친구, 동료의 얼굴을 한번 떠올려 보세요.

저는 책을 쓸 때마다, 제 책을 읽어줄 독자, 집필에 집중할 수 있도록 협조해 주는 아내와 가족, 신간을 기대하고 계신 부모님을 생각하곤 합니다. 네, 그러면 더 의욕이 생기는 것이 사실입니다.

초일류가 '의욕의 벽'을 돌파하는 방법

소중한 사람의 얼굴을 떠올리면, '의욕'이 지속된다

GAP MOTIVATION

직장
정말 잘
해냈어!
멋지다!
친구
엄청나다!
애썼어!
굉장해!
가족
당신의 노력,
정말 대단해!
엄마, 멋져요!
그래!
힘내자!

5장

바로 할 수 있다!
'의욕의 벽' 돌파 훈련

GAP
MOTIVATION

'의욕의 벽'을 돌파하는 '벽 훈련'

마지막 장에서는 지금까지 살펴본 '의욕의 벽' 돌파 기술을 일상에서 어떻게 활용할 수 있는지, 수준별로 해설해 보겠습니다. 당연하지만, 이 책에서 다룬 내용을 일상에서 실천하지 않으면, 당신은 바뀌지 않을 것이고 당신의 인생도 변할 수 없습니다. 아쉽게도… 읽기만 해도 인생이 달라진다고 하면 귀가 솔깃해지겠지만, 그렇게 쉽게 얻는 이야기는 존재하지 않습니다. 그것은 요리책을 읽기만 해도 저절로 요리가 완성되기를 바라는 마음과 같습니다. 만약 있다면 그건 사기예요. 즉시 경찰에 신고하세요. 자신을 변화시킬 수 있는 사람은 바로 당신 자신입니다! 당신이 '움직이지 않으면', 인생이 바뀌는 일도 없습니다. 하지만, 제가 당연히 도와드릴 수는 있습니다!

이 마지막 장에서는 당신을 바꾸는 데 도움을 주기 위해 '의욕의 벽'을 돌파하는 훈련을 수준별로 전달하고자 합니다. '의욕의 벽' 돌파 훈련입니다. 줄여서 '벽 훈련''입니다! 레벨 1부터 레벨 9까지 있습니다.

당신은 최종 레벨에 도달할 수 있을까요?

LEVEL 1

컨디션을 조절한다

레벨 1은 먼저 당신의 '컨디션 조절'입니다.

'뭐, 그 정도쯤이야'라고 생각할 수도 있겠지만, 당신의 컨디션은 정말 완벽한가요?

- 잠을 충분히 자고 있나요?
- 어깨 결림이나 요통에 익숙해져서 통증을 방치하고 있지는 않나요?
- 매일 술을 마시거나, 왠지 몸이 무겁다고 느끼지는 않나요?
- 피로가 쌓였음에도, 그저 '한숨 자고 나면 괜찮겠지'라는 생각만 할 뿐, 피로를 풀기 위한 노력에 소홀하지는 않나요?

참고로 저는 몸에 피로를 느끼면, 바로 마사지를 받으러 갑니다. 저는 제 몸을 좋은 상태로 유지하기 위한 투자는 아끼지 않습니다. 왜냐하면 몸 상태가 의욕과 퍼포먼스와 직결된다는 사실을 알고 있기 때문입니다. 운동 부족으로 몸이 둔해졌다면, 몸을 움직여 땀을 흘리고 재충전합니다. 잠을 충분히 자지 못한다면, 일찍 잠자리에 듭니다. 몸 상태가 좋지 않으면, 마사지를 받거나 병원에 갑니다. 술을 너무 많이 마신다 싶으면, 당분간은 술을 피합니다. 레벨 1은 소홀이 생각하여 뒤로 미루고 있는 당신의 컨디션을 조절하는 것입니다. 당신에게 필요한 컨디션을 조절하는 액션은 무엇입니까? “내 신체 컨디션은 완벽하다!” 이렇게 말할 수 있다면 레벨 2로 넘어갑니다!

LEVEL 2

전봇대의 수를 센다

레벨 2는 '늘 다니는 길에 세워져 있는 전봇대 수를 세다'입니다.

'이 사람 마지막에 와서 정신줄을 놓았나?'라고 생각할 수도 있지만 제정신입니다. 신고하지 않으셔도 됩니다. '전봇대 수를 세는 것'이 '벽 훈련'에 어떤 도움이 될까요? 그것은 '항상 보고 있음에도 눈치채지 못하는 것을 깨닫게 되는 훈련'이기 때문입니다. 앞서 다뤘다시피, 우리는 많은 것을 '놓치고' 있습니다. 그래서 늘 지나다니는 길을 활용하여, 놓치고 있는 것을 깨닫는 뇌로 만드는 훈련을 하는 것입니다.

당신이 항상 다니는 길은 어디일까요?

- 출퇴근 길
- 집에서 역까지 가는 길

- 항상 가는 마트, 편의점까지 가는 길
- 아이를 배웅하는 길

참고로 지금 이 책을 읽고 있는 시점에서 당신이 항상 다니는 길에 전봇대가 몇 개 있는지 아시나요? 모르시겠죠? 전봇대로 시작해서 점점 꽃, 나무, 편의점 등으로 숫자 세기를 확장해 나가다 보면, 당신의 인생을 완전히 바꿀 기회를 포착할 수 있는 감각을 소유하게 될 것입니다!

미남, 미녀에 시선을 뺏길 때가 아닙니다. 전봇대를 세면서, '여기에도 있었구나!'를 깨달았다면 레벨 3으로 넘어가세요!

LEVEL 3

'해 냈다'는 즉각적인 피드백을 3일간 한다

레벨 3은 자신에게 '해 냈다!'는 즉각적인 피드백을 3일 동안 합니다.

158페이지에서 소개한 바 있는 C 씨가 실천해서 자신을 바꾸고 인생을 바꾸는데, 탁월한 효과가 있었던 훈련입니다. 나에 대한 '즉각적인' 피드백이란, 자기 행동에 대해 "해냈어! 대단해!"라고 즉시 피드백 하는 것입니다. 예를 들어, 직장에서 거래처에 이메일을 보낸다면, 보내기 버튼을 누른 직후, "메일 보냈어! 훌륭해!"라고 말하는 것이지요. 회사에 출근하자마자, "출근 완료! 잘했어!" 고객이나 거래처와 전화 통화를 끝내자마자, '완벽한 대응이었어! 대단해!' 이처럼, 행동 하나하나에, 즉시 "잘했어! 훌륭해! 대단해!"라며 자신을 인정해주는 말을 합니다. 이것을 3일 동안 하면, 당신은 바로 회사에서 이상한 사람으로 낙인찍히게 될 거예요. …가 아니라, 자신감이 싹트기 시작합니다. 그리고 당신의 의욕은 평소보다 1.6배 높아집니다! 그렇게 말할 수 있는 이유는 어떤 행동을 했을 때, '즉각적인' 피드백을 받으면, 받지 못한 경우에 비해 의욕이 1.6배 늘어난다는 과학적인 연구 결과가 있기 때문입니다.

레벨 3도 실천하기 매우 쉽습니다.

아침에 일어나서 → "잠에서 깨어났다! 좋았어!"

요리를 완성하고 → "요리 완성! 훌륭해!"

자녀를 배웅하고 → "아이를 무사히 등교시켰어! 대단해!"

보고를 끝내고 → "보고 잘했어! 좋았어!"

경비 정산을 마치고 → "경비 정산을 끝냈다! 훌륭해!"

레벨 3 훈련을 종료하고 → "레벨 3 훈련 완료! 대단해!"

이뿐입니다. 참고로 저 역시 서재에서 혼자 일할 때마다 실천하고 있습니다. 가끔은 너무 신나서 "대단해!"라고 소리내어 말할 뿐만 아니라, 손뼉을 치며 환호할 때도 있습니다. 그 후에 서재에서 나와 거실로 가면, 아내가 희한하다는 표정을 지으며 "박수 소리 들리던데 무슨 일이 있었어?"라고 물어보기도 합니다. 그러니 당신도 아무쪼록 주변 환경에 주의하며 훈련해 주세요. 저희 회사에서는 '이 훈련 때문에 이상한 사람 취급당했다'는 불만 사항은 접수하지 않습니다.

LEVEL 4

일과 직장에 대한 감사 메시지 찾기

레벨 4는 레벨 3에서 주변의 의아한 시선을 극복한 사람만이 도달할 수 있습니다.

레벨 4 벽 훈련은 '나의 일과 직장에 대한 감사 메시지 찾기' 입니다. 이것이 레벨 4 훈련인 이유는 '자기 일에 자부심을 가지면 행동력이 1.5배가 된다'는 원리 때문입니다. 행동력이 1.5배가 된다는 것은 의욕도 1.5배로 높아진다는 의미입니다. 하지만 "업무를 하면서 감사할 만한 일이 거의 없다.", "내가 담당하는 업무 특성상 다른 사람에게 감사받을 일이 그다지 없다." 라고 말할 사람도 있겠지요. 그럴 때, 핵심은 자기 자신, 근무하는 직장, 동종 업계에 대한 감사 메시지를 찾아보는 것입니다. 그것이 궁극적인 포인트입니다.

예를 들어, 당신이 고객과 접할 기회가 적은 건축 현장에서 근무하는 사람이라고 가정해 봅시다. 완공된 건물을 방문하거나 입주한 사람으로부터 직접 감사 인사를 받는 일은 거의 없을 수 있습니다. 그래서 레벨 4 훈련은 자신이 아닌, 근무 중인 회사나 동업자에게서 감사의 메시지를 찾는 것도 괜찮습니다.

예를 들면, 내가 아닌 회사를 향한 감사 메시지, 동종 업계 건축물에 대한 감사 메시지, "멋진 건물을 만들어 주셔서 감사합니다!"라는 댓글 등 이런 메시지들을 찾아보세요. 동종 업계 종사자가 칭찬과 감사를 받는다는 것을 알게 됨으로써, 자기 일과 역할에 자부심을 느끼게 되고 행동력이 1.5배 증가합니다. 지금 바로 당신의 일, 회사, 역할에 대한 감사의 메시지를 찾아보세요.

LEVEL 5

소식이 뜸한 친구 3명에게 연락을 해본다

자, 레벨 5는 '최근 소식이 뜸한 친구에게 연락하기'입니다.

사람에 따라서는, 어쩌면 이 단계에서 '벽이 높아졌구나…' 라고 느낄 수도 있습니다. 그래도 안심하세요. 몇 년 동안 연락 없이 지낸 사람을 대상으로 하지 않아도 됩니다. 일주일 정도 연락이 뜸했던 친구나 부모님, 형제자매, 사촌도 괜찮습니다. 여기서 포인트는 '사람과의 연결을 느낀다'입니다. 앞서, 우리는 사람과의 연결을 느끼거나 소중한 사람의 얼굴을 떠올리는 것만으로 퍼포먼스가 오르고, 의욕이 지속된다는 것을 알게 되었습니다. 그 실천편입니다!

자, 당신과 사이가 좋지만, 일주일 이상 연락하지 않은 사람이 누구일까요?

- 학창 시절 동급생
- 회사 동기
- 신세를 진 선배나 상사
- 거래처 담당자
- 전 직장에서 친했던 동료
- 예전에는 자주 만나던 술친구 등

그런 사람들에게 연락해 보세요. 갑자기 연락해서 무슨 말을 해야 할지 난감한가요? 어쩔 수 없네요~~~° 그렇다면 '이런 식으로 연락해 보는 건 어때?'라는 문장을 예로 들어 드릴게요!

- '오랜만의 연락' 문장 예시

  "오랜만이에요! 잘 지내고 있어요? 요즘 어떻게 지내나 해서 연락해봤어요!"

  "SNS 게시물을 보고 요즘 뭐 하고 지내나 궁금해서 연락해봤어요."

  "(생일이나 기념일이라면) 축하해요~! 오랜만이죠? 잘 지내고 있어요?"

  "(상대방이 사는 지역 맞춰서) 요즘 비가 많이 오는 것 같은

데 괜찮아요? 궁금해서 연락해봤어요!"

예시 문장을 활용해서 다양하게 응용해 볼 수 있겠죠? 자, 이제 당신은 누구에게 연락할 건가요? 소식이 뜸한 3명에게 연락해 봅시다! 하루에 한 명씩 연락합니다. 그리고 3일 연속으로 해보세요! 당신은 레벨 5를 통과할 수 있을까요?

LEVEL 6

'낯선 가게에 들어가기'를 3번 경험하기

벌써 '벽 훈련'의 절반을 완료했네요! 대단해요! 지금부터는 의욕의 벽 돌파하기 레벨 6입니다.

레벨 6은 '낯선 가게에 들어간다'입니다. 점심이든 쇼핑이든 카페든 상관없어요. 처음 보는 가게에 들어가세요. 단, 조건이 있습니다. 바로 '체인점은 제외'입니다. 왜냐하면, 레벨 6 훈련의 목적은 '새로운 선택에 익숙해지기'가 목적이기 때문입니다.

새로운 선택을 하는 것 또한 작은 도전입니다. 작은 도전을 통해 우리는 자신이 성장하고 있음을 느낍니다. 그리고 자신의 성장이 긍정적인 감정의 씨앗이 되어 의욕으로 이어집니다. 맞아요, 포인트는 작은 도전입니다. 점심때. '이 가게는 지금까지 가본 적이 없네, 한번 들어가 보자!'는 작은 도전이 됩니다. 하지만 '회사 근처 맥도날드는 가본 적이 없으니 한번 들어가 보자!'는 도전이 아닙니다. 마찬가지로 '거래처 근처 스타벅스는 가 본 적이 없으니, 한번 들어가 보자!'도 도전이 아닙니다. 체인점은 매장만 다를 뿐, 이미 가본 적이 있기 때문입니다. 여기서는 '완전히 새로운 선택을 할 수 있다'가 핵심 목적입니다. 만약 당신이 레벨 6 훈련을 최대한 활용하려면, 도전을 결심한 낯선 가게에 대한 '긴장감 정도'를 판단 기준으로 삼아 보세요. 첫 두근거림에 익숙해지면, 믿을 수 없을 정도로 자신이 달라집니다! 두근거림에 익숙해지기 위해서는 '첫 입장'을 3번 경험해야 합니다. 여기서 3번은 같은 가게 3번 입장이 아니라, 3개의 낯선 가게입니다!

당신은 레벨 6을 완료할 수 있을까요?!

가 본 적 없는 가게지만,
한번 들어가 보자!
첫 번째 가게
라면
영업 중
두근두근
두 번째 가게
신 주점
오늘은 여기로!
酒
두근두근
두근두근
세 번째 가게
WINE BAR GOD
체인점은 X
GOD COFFEE ○○ 지점
이곳도 도전!
두근두근
두근두근 두근두근
두근두근 두근두근

LEVEL 7

'망상 일기' 일주일 쓰기

드디어 '벽 훈련' 레벨 7입니다. 레벨 7은 '망상 일기 일주일 쓰기'입니다.

레벨 7의 조건은 직접 '손으로 쓰기'입니다. 망상 일기란 '내일 이렇게 되면 좋겠다'는 내용을 적어보는 것, 즉, 미래 일기입니다. 망상 일기를 쓰면 앞서 여러 차례 말해 왔던 '미래 기억'을 더 쉽게 만드는 훈련이 됩니다.

예를 들어, 당신이 자동차 영업에 종사하고 있다고 가정해 봅시다. 그럼 당신이 쓰는 내일의 미래 일기는 이런 내용일 수 있습니다.

○월×일 △요일

잠을 푹 자고 일어났더니 몸 상태가 매우 개운했다. 그래서 평소보다 좀 더 일찍 출근했고, 평소보다 수월하게 업무를 준비할 수 있었다. 그래서인지 오전에 시승 예약한 고객들과의 대화에서도 온화하고 화목한 분위기가 넘쳐흘렀다. 시승에서 끝나리라 생각했는데, 예상외로 견적 의뢰까지 진행되었다. 정말 기분이 좋았다! 오전의 좋은 기분이 오후까지 이어져서 기존 고객들과의 안부 전화도 기분 좋게 할 수 있었다. 그 덕분인지 곧 발표 예정인 신차 시승 예약까지 잡을 수 있었다. 정말 잘 풀리는 하루였다! 기분 좋게 일이 진행된 날은 아내와의 저녁 반주도 평소보다 즐겁다. 이 얼마나 알찬 하루인가!

이런 느낌입니다!

망상 일기를 쓸 때 유념해야 할 포인트가 있습니다. 그리고 이것이 레벨 7의 벽 훈련을 돌파하는 열쇠이기도 합니다. 바로, 망상 일기는 '그렇게 될 가능성이 있다!'라고 생각할 수 있는 내용을 쓰는 것입니다.

'아침에 일어났더니, 복권 30억에 당첨되어 있었다!', '회사에 출근했더니 빌 게이츠로부터 대량 수주가 들어왔다!'와 같이 '그런 일이 현실적으로 가능하기나 해?'라는 의문이 드는 과대망상이 아닌, '그 정도라면 충분히 일어날 수 있는 일이지'의 수준이 가장 효과적입니다.

망상 일기를 일주일 동안 손으로 쓰다 보면, 미래를 상상하는 습관이 생깁니다. 즉, 미래 기억이 습관으로 정착되고, 갭 모티베이션을 만들 수 있게 됩니다. 저는 내일을 망상하는 것을 이미 습관화하고 있어서, 어제도 다음 날에 대한 망상을 했습니다. "오늘 드디어 이 책의 마지막 장을 완성했고, 엄청난 성취감을 느꼈다! 아내와의 저녁 식사가 꿀맛이었고, 마감 후의 맥주 한 잔에 성취감이 넘쳐 흘렀다!"

이런 내용입니다. 그리고 오늘 그 망상대로 즐거운 기분을 느끼며, 이 마지막 장을 쓰고 있습니다! 자, '벽 훈련' 레벨 7까지 따라오신 분들은 오늘부터 망상 일기 시작입니다!

LEVEL 8

스스로 목표를 정하고, 작게 나누기

드디어 당신도 '벽 훈련' 레벨 8에 도달했군요! 의욕의 벽을 돌파하는 것은 이제 시간문제일 뿐입니다.

레벨 8의 과제는, '자신의 목표를 스스로 정한다'입니다. 그리고 '목표를 작게 나눈다'입니다. 여기까지 읽고, 저자인 저 이상으로 이 책의 내용을 마스터했을 당신이라면, '목표 설정'이 의욕을 만드는 데 중요하다는 것은 두말할 나위가 없음을 알고 있겠지요.

'목표=미래의 모습'을 설정하지 않으면 현실과의 갭이 생기지 않습니다. 그리고 여기에 2가지 포인트가 있습니다.

하나는 '자신의 목표를 스스로 설정하는 것'입니다. 자신의 목표를 스스로 설정하는 것이 당연하다고 생각하겠지만, 사실 많은 사람이 다른 사람의 목표를 자신의 목표로 삼고 있는 경우가 많습니다. 회사에서 설정한 목표, 주변 사람들의 기대에 맞춘 목표, 우리는 스스로 목표를 설정할 때 '기억'을 풀 가동합니다. '어떻게 될까?', '이렇게 되지 않을까?'라는 미래 기억과 '전에 이렇게 해 봤으니까, 다음에는 저렇게 하고 싶어'라는 과거 기억 말입니다. 미래 기억과 과거 기억을 이미지화하면, 갭 모티베이션이 탄생하고 '좋아, 하자!'라며 행동을 개시할 수 있습니다. 하지만 타인이 정해준 목표를 따르면, 이러한 갭 모티베이션을 만들어내는 프로세스가 모두 잘려 버립니다. 그러므로 내 목표는 내가 정해야 합니다. 그리고 포인트 두 번째입니다.

두 번째 포인트는 '목표를 작게 나누기'입니다. 이것은 2장의 「4 '목표를 세우지 못한다'는 것은 방법에 문제가 있다는 말이다」에서 다룬 바 있습니다. 스스로 설정한 목표가 너무 크면, 실현되었을 때의 이미지가 떠오르지 않습니다.

설정한 목표를 작게 나눔으로써 어떤 행동을 해야 할지 명확해지고, 그 순간부터 당신의 삶이 달라집니다.

'벽 훈련' 레벨 8까지 도달한 용감한 당신을 위해서, 목표를 작게 하는 두 가지 사례를 소개해 드릴게요.

사례 1 스스로 정한 목표: 나에 대한 자신감을 가진다

어떻게 하면 나에 대한 자신감을 가질 수 있는지가 모호하므로, '내 의견을 분명히 말한다'로 목표를 수정합니다. 처음부터 '내 의견을 분명히 말한다'는 것은 허들이 높으니 허들을 낮춥니다(=목표를 작게 합니다).

목표를 작게 줄이면, 이렇게 됩니다.

- 스스로 정한 목표: '내 의견을 분명히 말할 수 있다'
- 작게 만든 목표: '친한 사람에게만 내 의견을 말한다'
- 더 작게 만든 목표: '먼저 내 생각에 기반한 의견을 가진다'

사례 2 스스로 정한 목표: 자녀에게 화내거나 소리치지 않는다

갑자기 자녀에게 절대 화내지 않는다는 목표는 허들이 높으므로, 허들을 낮춥니다(=목표를 작게 한다).

- 스스로 정한 목표: '자녀에게 화내거나 소리치지 않는다'
- 작게 만든 목표: '월 · 수 · 금요일에는 화가 나도 소리치

지 않는다.

- 더 작게 만든 목표: '월요일과 목요일만큼은 자녀에게 소리치지 않는다'

어떤가요? 목표를 작게 한다는 것은 허들을 낮추고, 목표를 조금씩 달성해 가는 것입니다. '벽 훈련' 레벨 8까지 도달한 당신이라면, 이 정도는 식은 죽 먹기겠지요! 자신의 목표를 스스로 정하고 자신의 인생을 바꾸는 한 걸음을 내딛으세요!

LEVEL 9

첫걸음 내딛기

드디어 당신이 '의욕의 벽'을 돌파할 때가 왔습니다. '의욕의 벽'을 돌파하는 '벽 훈련' 레벨 9입니다.

레벨 9가 당신의 인생이 바뀌는 모든 것의 시작입니다. '벽 훈련' 레벨 9는 '첫걸음을 내딛는다'입니다.

레벨 8에서는 자신의 목표를 스스로 설정했습니다. 그리고 그 목표를 줄였습니다.

그 작은 목표를 실현하기 위한 첫걸음이 무엇인지 결정하세요. 레벨 8에서 소개한 사례로 설명해 볼게요.

사례 1

- '나 자신에게 자신감을 가진다'
- '친한 사람에게만 내 의견을 말한다'
- '먼저 내 생각에 기반한 의견을 가진다'

이 작은 목표를 완료하기 위한 첫걸음은 직장에서 다수에게 의견을 물었을 때, 나서서 발언하지는 않더라도 자기 의견을 수첩에 적습니다. 어떻습니까? 이것을 되고 싶은 자기 모습, '내 의견을 분명히 말할 수 있다'로 이어지는 첫걸음뿐만 아니라, 두 번째, 세 번째 걸음까지 연결하고 싶다면 이렇게 해보세요.

- 언제부터 시작할까?
- 언제까지 계속할까?
- 그다음에는 어떤 액션을 취할까?

여기까지 결정하면, 당신의 일상은 확연히 달라질 것입니다. 앞의 사례에서 더 작은 목표로 정한 '먼저 내 생각에 기반한 의견을 가진다'로 정리해 보면,

- 언제부터 시작할까?

  → 다음 주 월요일부터 시작한다.

- 언제까지 계속할까?

  → 다음 주 월요일부터 한 달 후 ○월 ×일까지 계속한다.

- 그다음에는 어떤 액션을 취할까?

  → 다음 작은 목표는 '친한 사람에게만 내 의견을 말한다' 이므로 N 씨, M 씨, L 씨와 대화할 때만큼은 나의 솔직한 의견을 말해 본다.

어떻습니까? 당신이 스스로 정한 목표를 작게 나누고, 달성을 향해 내딛는 첫걸음은 무엇인가요? 언제부터 시작할 예정입니까? 언제까지 계속할 예정인가요? 그다음에는 어떤 액션을 취할 건가요? 그리고 마침내 모든 것이 실현된다면 당신은 어떤 모습으로 변해 있을까요? 당신은 어떤 인생을 향해 걸어가고 있을까요?저는 당신의 그 한 걸음 한 걸음을 응원할 것입니다!

마치며

이미 당신은 충분히 노력하고 있다

끝까지 읽어주셔서 감사합니다.

여기서는 마지막까지 읽어준 당신에게 제 이야기를 하고자 합니다. 저는 다니던 회사를 그만두고, 2011년 10월에 제 사업을 시작했습니다. 감사하게도 지금까지 잘 운영되고 있습니다. 그런데 사실 사업을 시작한 당시에는 10개월 동안 수입이 없었습니다. 그리고 3년간은 하루도 쉬지 않고, 3시간 이상 자지 않고 일에 매진하는 시간을 보냈습니다.

그야말로 '필사적으로' 열심히 하고 있었어요. 그렇게 3년이 지나고 4년째에 접어들었을 때, 문득 '필사적으로 하기'를 이제 그만둬야겠다고 생각했습니다. 열심히 하라고 하기에, 필사적으로 했습니다. 그런데도 다들 저에게 노력이 부족하다고 했습니다. "의욕이 있긴 하냐?"라는 말까지 들었습니다. 참고 견디고 최선을 다하는 것, 열심히 하는 것이 정답이라고 생각하고 달렸지만, 전혀 행복하지 않았습니다. 정말, 이렇게 사는 것이 맞을까? 이렇게 노력하는 방법이 틀린 것은 아닐까? 그때 멈춰 서서 생각해 보게 되었습니다. 그때 나온 대답은 '눈앞의 일에 필사적으로 노력하는 것을 이제 그만하자'였습니다.

노력의 궤도를 수정한 후 인생이 바뀌었다

'눈앞의 일에 필사적으로 노력하는 것'은 매우 멋진 일이고, 아무나 할 수 있는 일이 아니라고 생각합니다.

그리고 부정할 생각도 없어요. 다만, '한 가지 단점'이 있습니다. 눈앞의 일에 필사적으로 매달리다 보면, '눈앞의 일 외에는 생각할 수 없게 된다'는 것입니다. 그럼 미래와 현재의 갭으로부터 만들어지는 '갭 모티베이션'을 아군으로 삼을 수 없게 됩니다. 그래서 저는 '눈앞의 일에 필사적으로 노력하는 것'을 내려놓고, 그 대신 '멈춰서기'를 소중히 하기 시작했습니다. 여기서 '멈춰서기'는 걸음을 멈춘다, 성장을 멈춘다는 의미가 아닙니다. 멈춰서는 이유는 바로 '내 미래를 보기 위해서'입니다.

앞으로 필요한 것은 '열심히 하는 힘'이 아니라 '즐기는 힘'

'눈앞의 일에 필사적으로 노력하기'를 그만두고, 멈춰 서서 '미래 보기'를 소중히 여기자 이상한 일이 일어났습니다. 회사 매출이 그 어느 때보다 증가했고, 팬들로 부터 감사의 메시지를 받는 횟수도 늘어난 것입니다. 그리고 매일 무언가에 쫓기던 마음이 사라지면서, 어느덧 '매일 즐겁다'는 마음으로 바뀌었습니다. 특별히 하고 있는 일이 달라진 것도 아닌데 말이죠. 왜 그런 일이 일어났을까요?

그 이유는 멈춰 서서 미래를 보게 되었기 때문입니다. 그리고 이제 '내 눈앞의 일이 나의 어떤 미래로 이어지고 있을까?'라고 생각하게 되었기 때문입니다. 그러자 눈앞의 일을 필사적으로 하는 것이 아니라 즐길 수 있게 되었습니다. 그 순간, 눈앞에 놓인 모든 일이 필사적으로 열심히 해내야 하는 '과업'에서 '미래로 이어지는 즐거운 일!'로 변해버린 셈입니다. 그 때부터 더 이상 필사적으로 노력해야 한다는 느낌이 들지 않았고, 참고 견뎌야 한다든가 뭔가에 쫓기는 듯한 기분도 점점 사라졌습니다.

인생을 바꾸기 위해 '반드시 소중히 여겨야 할 것'

당신에게 있어서 소중한 것은 무엇입니까? 가족, 일, 추억, 추억이 담긴 물건, 돈 등등 다양한 답이 나올 것입니다. 그 어떤 답이 나오든, 가장 중요한 것은 단 하나뿐이라고 생각합니다.

바로 '당신 자신'입니다. 당신이 없으면 그 어떤 소중한 것도 가질 수 없고, 지킬 수 없습니다. 소중한 것이 전혀 없다는 사람도 자기 자신이 없으면, 새로운 소중한 것을 가질 수도, 만들어낼 수도, 찾을 수도 없습니다. 그래서 당신 스스로 자신을 아껴줄 필요가 있는 것입니다.

자기 자신을 소중하게 생각합시다. 단순히 자신에게 상냥하게 대하라는 의미가 아니라, '지금의 나를 즐기는 것'이라고 생각합니다. '지금 내가 하는 일이 미래의 나와 어떻게 연결될까?' 이 관점에서 생각하면, 지금의 나를 즐길 수 있게 됩니다. 그러기 위해서는 역시 '멈춰 서서, 미래를 보는 것'이 무엇보다 중요합니다. 그렇게 할 수 있게 되면, 제가 겪었던 이상한 일이 당신에게도 일어나기 시작할 것입니다.

지금까지는 당신이 아무리 노력해도 할 수 없었던 일들이 쉽게 실현되어 버리거나, 좀처럼 자신감이 생기지 않았는데, 점점 자신감이 생기고, 새로운 일에 도전하는 것이 즐거워지기도 합니다. 그렇게 당신은 원하는 매일을 손에 넣게 되는 것입니다. 이 책을 선택하고, 그리고 여기까지 읽어 주셔서 정말 감사합니다.

이제 당신은 100% 새로운 모습으로 변신할 수 있는 무기를 손에 넣은 셈입니다.

매일 당신을 응원할 것을 약속합니다.

그렇다고 해도, '내가 해낼 수 있을까?'라는 걱정이 들 수 있습니다. 괜찮습니다. 그런 당신의 마음, 저는 이해합니다. 당신에게 필요한 것은 '필사적으로 노력하는 것'이 아니라, 멈춰 서서 '당신의 미래를 보는 것'입니다. 당신은 지금 이 순간부터 자유로워질 것입니다. 제가 응원하고 있으니 안심하세요.

참고문헌

- 『神メンタル「心が強い人」の人生は思い通り』(星渉 저/KADOKAWA)
- 『神ト＿＿ク「伝え方しだい」で人生は思い通り』(星渉 저/KADOKAWA)
- 『99・9%は幸せの素人』(星渉 저/KADOKAWA)
- 『モチベ＿ション3.0-持続する「やる気!」をいかに引き出すか』(ダニエル・ピンク 저/大前研一 번역/講談社)
- 『HAPPYSTRESS-ストレスがあなたの脳を進化させる』(青砥瑞人 저/SBクリエイティブ)
- 『BRAINDRIVEN-パフォ＿マンスが高まる脳の╓態とは』(青砥瑞人 저/ディスカヴァ＿・トゥエンティワン)
- 『マインドセット-「やればできる!」の研究』(キャロル・S・ドゥエック 저/今西康子 번역/草思社)
- 『なぜ「やる気」は長続きしないのか』(デイヴィッド・デステノ 저/住友 進 번역/白揚社)
- 『科╓的に幸せになれる脳磨き』(岩崎一郎 저/サンマ＿ク出版)

격차를 뛰어넘는 동기부여의 힘
갭 모티베이션

초판 1쇄 인쇄 2023년 4월 28일
초판 1쇄 발행 2023년 4월 28일

지은이 호시 와타루
옮긴이 서희경
펴낸이 김순덕
디자인 디자인 현
펴낸곳 더퀘스천
출판등록 2017년 10월 18일 제2019-000107호
주소 경기도 고양시 일산서구 산율길 42번길 13
전화 031-721-4248 / **팩스** 031-629-6974
이메일 theqbooks@gmail.com

ISBN 979-11-91597-03-5(03320)

이 도서의 국립중앙도서관 출판예정도서목록(CIP)은
서지정보유통지원시스템 홈페이지(http://seoji.nl.go.kr)와
국가자료공동목록시스템(http://www.nl.go.kr/kolisnet)에서 이용하실 수 있습니다.